Inhalt

◁ *Säule mit dem hl. Florian an der Spitze vor der Kirche Mariä Himmelfahrt (Blumenthal-Kirche, s. S. 58) am Floriánske námestie (Foto: 068bl-se)*

Sven Eisermann

CITY|TRIP
BRATISLAVA

Nicht verpassen!

1 Michaelertor [D5]
Das einzige erhaltene Stadttor liegt in einem besonders hübschen Teil der Altstadt und kann bestiegen werden (s. S. 14).

4 Martinsdom [C5]
In der altehrwürdigen Pressburger Kathedrale wurden über viele Jahrhunderte die ungarischen Monarchen gekrönt (s. S. 18).

6 Promenade [D6]
Hier pulsiert das Leben: Cafés und Restaurants reihen sich aneinander; daneben gibt es etliche Denkmäler, Brunnen und Prunkbauten (s. S. 21).

9 Hauptplatz [D5]
Im Herzen der Altstadt stehen der Rolandsbrunnen, das Alte Rathaus und eine heitere Napoleon-Statue (s. S. 27).

11 Primatialpalast [D5]
Der eindrucksvolle Palast beherbergt in seinem Innern einzigartige Wandteppiche (s. S. 29).

20 Burg Bratislava [C5]
Wer das Wahrzeichen der Slowakei nicht gesehen hat, hat Bratislava nicht gesehen (s. S. 40).

23 SNP-Brücke [C7]
Die spektakuläre Brücke über die Donau besitzt auf ihrem UFO-Brückenpfeiler eine Aussichtsplattform (s. S. 48).

28 Blaue Kirche [F5]
Touristen aus der ganzen Welt zieht es nach Bratislava, um dieses Juwel des Jugendstils zu bewundern. Die Kirche ist der heiligen Elisabeth von Thüringen geweiht, die unter dem Namen Elisabeth von Ungarn auch in der Slowakei verehrt wird (s. S. 56).

32 Slavín [B2]
Das monumentale sowjetische Ehrenmal erinnert an die Befreiung Bratislavas im Jahre 1945 (s. S. 60).

35 Danubiana Meulensteen Art Museum
Liebhaber moderner Kunst dürfen sich dieses einzigartige Museum ganz im Süden der Stadt auf keinen Fall entgehen lassen (s. S. 65).

39 Burg Devín
Der markante Felsen an der Marchmündung mit der Ruine gehört zu den bedeutendsten Sehenswürdigkeiten des Landes (s. S. 70).

Leichte Orientierung mit dem cleveren Nummernsystem
Die Sehenswürdigkeiten sind im Text und im Kartenmaterial mit derselben **magentafarbenen ovalen Nummer 1** markiert. Alle anderen Lokalitäten wie Geschäfte, Restaurants usw. tragen ein **Symbol und eine fortlaufende rote Nummer (🔒1)**. Die Liste aller Orte befindet sich auf Seite 110, die Zeichenerklärung auf Seite 143.

99 Bratislava verstehen

111 Praktische Reisetipps

131 Anhang

Zeichenerklärung

★ ★ ★ nicht verpassen
★ ★ besonders sehenswert
★ wichtig für speziell interessierte Besucher

[A1]   Planquadrat im Kartenmaterial. Orte ohne diese Angabe liegen außerhalb der Karten. Ihre Lage kann aber wie die von allen Ortsmarken mithilfe der begleitenden Web-App angezeigt werden (s. S. 143).

Vorwahlen

❯ Bratislava: 2
❯ Slowakei: 00421
In diesem Buch sind die Vorwahlen stets mit angegeben.

Geografische Bezeichnungen

Straße – ulica – ul. (Abk.)
Straße – cesta
Platz – námestie – nam. (Abk.)

Bratislava und Pressburg

In diesem Buch werden Sie hauptsächlich den im Jahre 1919 eingeführten und offiziellen Namen Bratislava lesen, immer wieder aber – insbesondere im Rahmen historischer Informationen – auch den alten Namen Pressburg. Letzterer ist untrennbar mit der Geschichte der Stadt verbunden. Der Autor möchte die beiden Namen keinesfalls gegeneinander ausspielen oder dem alten Pressburg zu neuer Ehre verhelfen. Vielmehr geht es darum, bei geschichtlichen Themen, die den Zeitraum vor Ende des Ersten Weltkriegs betreffen – einer Zeit, in der es den Namen Bratislava auch im Slowakischen noch nicht gab –, den historisch korrekten Namen Pressburg zu verwenden.

Aus der einst grauen Maus der Tschechoslowakei ist wieder die „Schöne an der Donau" geworden. Als eine der jüngsten europäischen Hauptstädte ist Bratislava wirtschaftlicher Motor der Region und touristisches Aushängeschild der Slowakei. Große Teile der historischen Altstadt und die markante Burg haben sich herausgeputzt und in den Gassen pulsiert das Leben. Trotz Aufbruchsstimmung, Turbokapitalismus und Veränderung aller Orten hat sich die Stadt ihre Gemütlichkeit und ihr heiteres Lebensgefühl bewahrt.

Kommerz und Hochglanz-Architektur

Im Eurovea-Komplex präsentiert sich das moderne Bratislava mit einem neuen Nationaltheater, einer noblen Shoppingmall und einem repräsentativen Platz direkt an der Donau (s. S. 53).

Beachtenswerte Brücken

Bereits seit den 1970er-Jahren ist man in Bratislava stolz auf die futuristische SNP-Brücke (s. S. 48). Kürzlich wurde die „Alte" Brücke (s. S. 51) komplett neu errichtet. Von ihr aus genießt man einen wunderbaren Blick über Altstadt und Burg.

Kleine Karpaten

Der Waldpark rund um den Aussichtsberg Koliba mit seinem markanten Fernsehturm (s. S. 67) ist ein beliebtes Naherholungsgebiet für Einheimische und Touristen. Kürzlich entstand dort ein hölzerner Aussichtsturm (s. S. 69).

003bl mb

BRATISLAVA ENTDECKEN

Bratislava für Citybummler

Bratislava ist eine **Perle an der Donau**. Einige Jahrzehnte lang war diese Perle leicht angestaubt; spätestens seit der Jahrtausendwende glänzt sie jedoch wieder in all ihrer Pracht und zieht Besucher aus aller Welt an.

Das Schöne an Bratislava im Gegensatz zu Millionenstädten wie Wien und Prag: Man kann die Hauptstadt der Slowakei bereits an einem Wochenende sehr gut kennenlernen. Die wichtigsten Sehenswürdigkeiten liegen kompakt beieinander. Tagesausflügler zieht es in erster Linie hinauf zur markanten **Burganlage** 🄴 samt malerischem **Schlossgrund** 🄸 sowie in die pittoreske **Altstadt** mit dem hübschen **Hauptplatz** 🄴, der pulsierenden **Promenade** 🄴, dem fürstlichen **Primatialpalast** 🄴, dem gotischen **Martinsdom** 🄴 – einst Krönungskathedrale der ungarischen Monarchen – sowie in die vielen lauschigen Gassen. An jeder Straßenecke der Altstadt gibt es etwas zu entdecken: seien es historische Fassaden aus der Zeit der ungarischen Monarchie, Relikte des Kommunismus oder die vielen, teils skurrilen Metallskulpturen.

Doch auch etwas außerhalb der Altstadt gelegene Ziele wie die **Blaue Kirche** 🄴 – ein einzigartiges Jugendstilbauwerk – oder das russische Kriegerdenkmal **Slavín** 🄴 lassen sich bequem zu Fuß erreichen.

Viele Touristen zieht es auch ans Donauufer oder auf die für Fußgänger zugängliche **Alte Brücke** 🄴, die in Wirklichkeit nagelneu ist und von

◁ Vorseite: Vom Burghügel 🄴 aus genießt man einen wunderbaren Blick über die Altstadt Bratislavas

der aus man an lauen Sommerabenden einen herrlichen Sonnenuntergang mit Postkartenpanorama genießen kann.

Nicht nur vom Slavín oder vom Burgberg aus genießt man einen herrlichen Blick über die Dächer der Stadt, viele Touristen gehen zu den futuristischen Brückenpfeilern der **SNP-Brücke** 🄴 mit ihrem sogenannten UFO, das als Aussichtsplattform und Restaurant fungiert.

Es lohnt sich auf jeden Fall, etwas mehr als nur einen Tag Zeit für Bratislava einzuplanen, denn es gibt an den Stadträndern einige ganz besonders magische Plätze zu entdecken: Im äußersten Westen – gleich an der österreichischen Grenze – die **Burgruine Devín** 🄴 und im äußersten Südosten das in einem Donaustausee gelegene **Danubiana Meulensteen Art Museum** 🄴. Diese Plätze sind freilich nicht mehr ohne Weiteres zu Fuß erreichbar; da sie jedoch zum Stadtgebiet Bratislavas gehören, kommt man überall mit öffentlichen Bussen hin. In Bratislava verkehren etliche Straßenbahnen, mittlerweile sogar bis in den südlichen Stadtteil Petržalka.

Abends herrscht in den Altstadtgassen Bratislavas ein quirliges Treiben. Zu relativ günstigen Preisen genießt man die deftige slowakische Küche samt heimischem Bier oder Wein oder stürzt sich zu später Stunde noch ins wilde Nachtleben der Stadt mit einer Vielzahl an Pubs, Klubs und Diskotheken.

Zum **Träumen und Entspannen** bietet die Stadt nach intensivem Besichtigungsprogramm etliche hübsche Parkanlagen und mit dem Waldpark eine grüne Lunge, die bereits zu den Kleinen Karpaten 🄴 gehört.

Bratislava an einem Tag

Bratislava ist eine Stadt, in der man sehr viel an einem einzigen Tag besichtigen kann. Der Burg-Komplex und die darunter liegende Altstadt liegen nahe beieinander und die meisten Sehenswürdigkeiten können bequem zu Fuß angesteuert werden. Auf keinen Fall auslassen sollte man die Besteigung des Burghügels mit dem slowakischen Wahrzeichen: der **Burg von Bratislava** ㉟. Von der prächtigen Barockterrasse aus genießt man einen faszinierenden Blick über die Donau mit der futuristischen **SNP-Brücke** ㉓ hinüber zum gegenübergelegenen Stadtteil **Petržalka.**

Gleich unterhalb des Burghügels steht der **Martinsdom** ❹, dessen Inneres alleine schon wegen der Reiterskulptur Georg Raphael Donners einen Besuch wert ist. Von hier aus kann man sich gemütlich durch die Gassen der Altstadt treiben lassen oder folgt dem beschriebenen Stadtspaziergang (s. S. 11). Besonders sehenswert sind der **Hauptplatz** ❾

mit dem **Alten Rathaus** ❿, der **Primatialpalast** ⓫ und die belebte **Promenade** ❻. Nicht fehlen sollte auch ein Besuch der **Blauen Kirche** ㉘, einem Juwel der Jugendstilarchitektur.

Wer früh genug mit dem Besichtigungsprogramm begonnen hat, kann mit dem Bus auch noch einen Ausflug zur **Burgruine Devín** ㊴ unternehmen. Sie steht spektakulär auf einem Felsmassiv am Zusammenfluss von March und Donau und gilt als slowakisches Nationaldenkmal. Wer mit dem Zug nach Wien möchte, kann von hier aus im nahe gelegenen Devínska Nová Ves zusteigen (s. S. 113).

Alternativ zur Burg Devín kann man am späten Nachmittag auch das monumentale sowjetische Ehrenmal **Slavín** ㉜ besuchen, von wo aus man einen herrlichen Blick über die Stadt genießt.

⌂ Der Blick von der Burg ㉟ schweift auch weit in die Donautiefebene hinaus

Bratislava an einem Wochenende

Am ersten Tag sollte man sich ganz der Altstadt von Bratislava und der **Burg** ⑳ widmen. Nicht weit vom **Martinsdom** ❹ unterhalb des Burghügels, in welchem über Jahrhunderte die ungarischen Könige gekrönt worden sind, hat sich mit der **Chatam-Sofer-Gedenkstätte** ㉒ ein Stück jüdisches Pressburg erhalten. Neben den Außenbesichtigungen rund um **Schlossgrund** ⑱, **Michaelertor** ❶, **Hauptplatz** ❾ und **Promenade** ❻ ist sicher auch Zeit für das ein oder andere Museum: beispielsweise die **Slowakische Nationalgalerie** ❽ oder die moderne **Galerie Nedbalka** ⑫. Neben dem Martinsdom sollte unbedingt auch der **Blauen Kirche** ㉘ ein Besuch abgestattet werden. Nach erfolgreichem Besichtigungsprogramm lässt man den Abend in einem der vielen urigen Gasthäuser mit slowa-kischen Spezialitäten ausklingen (s. S. 86). Wer Lust hat, kann sich danach noch in das quirlige Nachtleben stürzen.

Der zweite Tag steht dann ganz im Zeichen der etwas außerhalb des Zentrums gelegenen Glanzlichter: Wie wäre es, am Vormittag einen Ausflug an den südöstlichen Stadtrand Bratislavas zu unternehmen? Sehr gut lassen sich der Besuch von **Rusovce** – mit seinem barocken **Schloss Karlburg** ㉝ und dem römischen **Kastell Gerulata** ㉞ – sowie des unweit davon auf einer Insel im Donaustausee gelegenen **Danubiana Meulensteen Art Museums** ㉟ miteinander verbinden. Das Privatmuseum für moderne Kunst hat sich in den vergangenen Jahren als neues Highlight für Bratislava-Touristen etabliert.

005-bl-se

Das gibt es nur in Bratislava

> *Lustige Bronzestatuen (s. S. 26):
> In der Altstadt begegnen einem die
> Pressburger Originale auf Schritt
> und Tritt.*

> *Millionen Jahre alte Sanddünen:
> Der Sandberg* **40** *ist ein geologi-
> sches Naturjuwel mit traumhafter
> Aussicht auf Bratislava und nach
> Österreich.*

> *Lieblichen Ribiselwein: Rund
> um die Burg Devín* **39** *wird aus
> Johannisbeeren ein leckeres
> Getränk hergestellt (s. S. 72).*

> *Einen hochkarätigen Kunsttem-
> pel am äußersten Stadtrand: Das
> Danubiana Meulensteen Art Muse-
> um* **35** *ist ein Muss für Liebhaber
> moderner Kunst!*

> *Einen unterirdischen Friedhof
> und einen Wunderrabbi: Die
> Chatam-Sofer-Gedenkstätte* **22**
> *besuchen orthodoxe Juden aus
> aller Welt.*

> *Kofola und Vinea: Nicht nur slo-
> wakisches Bier und heimischen
> Wein sollte man kosten – auch die-
> se antialkoholischen Getränke ha-
> ben ihren Reiz.*

Alternativ zum Ausflug in den Süd-osten der Stadt oder auch zusätzlich ist der Ausflug zur **Burg Devín** **39** un-eingeschränkt zu empfehlen (siehe Bratislava an einem Tag). Unweit da-von liegt mit dem **Sandberg** **40** ein geologisches Naturdenkmal der Ex-traklasse inklusive tollen Weitblicks.

Zurück in Bratislava kann man z. B. einen Spaziergang über die **SNP-Brü-cke** **23** mit ihrem „UFO" auf dem Brü-ckenpfeiler hinüber nach **Petržalka** unternehmen, wo es sich in der hüb-schen Parkanlage Sad Janka Kráľa **24** angenehm ausspannen lässt.

Wer **drei Tage** zur Verfügung hat, könnte folgendermaßen planen: am ersten Tag Burg und Altstadt, am zweiten Tag Blaue Kirche **28**, Rusov-ce und das **Danubiana Meulensteen Art Museum** **35** und am dritten Tag **Burgruine Devín** **39**.

◁ *Vor der Burg Bratislavas
wacht das Reiterstandbild von
König Svatopluk (s. S. 102)*

Stadtspaziergang

Dieser Spaziergang bezieht die wich-tigsten Sehenswürdigkeiten Bratisla-vas mit ein und ermöglicht es, die Stadt auch im Rahmen eines Tages-ausflugs intensiv kennenzulernen. Je nachdem, wie ausgiebig man sich den einzelnen Punkten auf dem Weg widmet beziehungsweise wie lan-ge man Pausen einlegt, kann dieser Spaziergang zwischen drei und acht Stunden in Anspruch nehmen. Die gesamte Wegstrecke beträgt etwa 10 km.

Der Weg beginnt am relativ nahe des Hauptbahnhofs gelegenen **Pa-lais Grassalkovich** **31** (mit Bus 93 vom Bahnhof zwei Stationen bis Sta-tion Hodžovo námestie fahren). Wer möchte, kann der hübschen Garten-anlage des Palais mit Brunnen und Maria-Theresien-Denkmal einen Be-such abstatten.

Durch eine Unterführung gelangt man vom Sitz des Präsidenten zur Fußgängerzone Poštová-Straße und

durch diese in wenigen Minuten zum **Platz des Slowakischen Nationalaufstandes** ⑮ mit seinen monumentalen Bronzestatuen, die an den Aufstand gegen das NS-Regime erinnern. Man umrundet diese gewissermaßen und gelangt nach circa 100 Metern zum Platz Hurbanovo námestie mit der markanten **Dreifaltigkeitskirche** ⑯.

Am Hurbanovo námestie beginnt auch der Streifzug durch die Gassen der Altstadt. Das erste echte Highlight ist das Überschreiten des Stadtgrabens (hierzu nach links gehen) mit den beiden Barockfiguren und das Durchschreiten des **Michaelertors** ❶, des letzten erhaltenen Stadttors des alten Pressburg. Die Touristengasse Michalská links liegen lassend, geht es nach Durchschreiten des Michaelertors rechts weiter durch die enge Gasse Baštová, nach 50 Metern links in die Klariská, um das **Klarissenkloster** ❸ und schließlich über die Farská links in die **Kapitulská** [C5]. Mit ihren mittelalterlichen Gebäuden gehört sie zu den hübschesten Gassen der Altstadt und führt direkt zum spirituellen Zentrum Bratislavas, dem **Martinsdom** ❹ mit der berühmten Barockskulptur Georg Raphael Donners.

Nach Verlassen des Doms geht man nach links. Nun ist es nicht mehr weit zur südlich gelegenen **Promenade** (Hviezdoslavovo námestie) ❻. Durch die lebendige Fußgängerzone mit Brunnen und Denkmälern führt der Weg bis vor das klassizistische Gebäude des Nationaltheaters (s. S. 92) und vor McDonald's links durch die Rybárska brána zum Lieblingsfotoobjekt vieler Touristen, dem **Čumil** (s. S. 26) – jener humoristischen Bronzestatue eines Kanalarbeiters, der aus einem Gullideckel auf das Treiben der Altstadtgassen

Routenverlauf im Stadtplan
Der hier beschriebene Spaziergang ist mit einer farbigen Linie im Stadtplan eingezeichnet.

◹ *Eines der beliebtesten Fotomotive der Altstadt: der Čumil (s. S. 26)*

◿ *Fassadendetail am Alten Rathaus* ❿

blickt. Folgt man dem Verlauf der Straße weiter, ist man in Windeseile auf dem Hauptplatz (Hlavné námestie) **❾**, der mit seinem Rolandsbrunnen im Zentrum das Herz der Altstadt bildet. Den Blickfang des Platzes bildet das **Alte Rathaus ❿** mit seinem besteigbaren Turm. Durch den romantischen Innenhof gelangt man zum **Primatialpalast ⓫**.

Jetzt hält man sich rechts, geht durch die Uršulínska-Straße und biegt links in die Laurinská-Straße ein, verlässt so vorerst die Altstadt, überquert die Hauptstraße (Štúrova) und erreicht, dieser südlich folgend, auf der linken Seite schließlich die Straße Grösslingová [E/F5]. Dieser folgt man circa 200 m und durchstreift gleichzeitig einen weniger touristischen und doch reizvoll-authentischen Stadtteil Bratislavas. An der Bezručova geht es rechts zur **Blauen Kirche ㉘**, einem großartigen Jugendstiljuwel.

Weiter die Bezručova Richtung Süden, erreicht man nach etwa 10 Minuten die viel befahrene Hauptstraße Dostojevského rad und diese überquerend schräg gegenüber den **Eurovea-Komplex ㉖**. Es lohnt sich, einen Teil der modernen Shoppingmall bis zum Štefánik-Platz zu passieren. Mit dem Monumentaldenkmal des slowakischen Nationalhelden erreicht man nun gleichzeitig Bratislavas Lebensader: die Donau. An der Donaulände geht es nun wieder zurück bis zur neu errichteten **Alten Brücke ㉕**, über welche der Strom überquert wird. Insbesondere vom rechtsseitigen Fußweg ergibt sich ein wunderbarer Blick auf die benachbarte SNP-Brücke **㉓** und die Burg **⓴**. Am anderen Ufer angelangt, lohnt sich eine kulinarische Pause im Restaurant **Mýtny domček** (s. S. 87). In westlicher Richtung führt der Stadtspaziergang nun durch

den zum Stadtteil **Petržalka** gehörenden **Janko-Kráľ-Park ㉔** mit der alten Kirchturmspitze der Franziskanerkirche **⓭** und schließlich zu Bratislavas spektakulärster neuzeitlicher Baukonstruktion, der **SNP-Brücke** mit ihrem „UFO" als Aussichtsplattform hoch oben auf dem Brückenpfeiler. Auf der Brücke tobt der Autoverkehr, unterhalb führt ein Fußweg zurück auf das zur Altstadt gehörende Donauufer. Nun steht noch ein kleiner Anstieg an: Durch den historischen **Schlossgrund ⓲** – einen pittoresken Teil der Altstadt, welcher sich unterhalb der Burg erstreckt – geht es links über die gepflasterte Gasse Beblavého hinauf zum Aushängeschild und Postkartenmotiv der Slowakei: der **Burg ⓴**. Durch den Burggarten führt der Spaziergang schließlich in nördlicher Richtung über die Zámocká-Straße hinunter zur Hauptstraße Staromestská und zur Bushaltestelle Zochova, von wo aus man mit dem Bus 93 zurück zum Hauptbahnhof gelangt.

Wer genügend Kondition besitzt, kann auch noch das sowjetische Ehrenmal **Slavín ㉜** erklimmen und von dort zu Fuß hinunter zum Hauptbahnhof gehen (zusätzlicher Zeitaufwand: circa 1½ Std.).

072bl-se

Die Altstadt (Staré Mesto)

Bratislavas Altstadt hat sich in den vergangenen 25 Jahren von einem hässlichen Entlein zu einem stolzen Schwan gemausert. Wobei das alte Pressburger Herz auch während der kommunistischen Jahrzehnte nie so richtig hässlich war. Allerdings verfiel die Stadt nach und nach; sie war grau und morbid und Touristen machten in der Regel einen weiten Bogen um sie. Mittlerweile muss sich die Altstadt nicht mehr verstecken vor den Stadtkernen der benachbarten Metropolen Wien, Prag oder Budapest. Fast alle Häuser wurden behutsam renoviert, die Straßen neu gepflastert. In den Gassen erblühte neues Leben.

Tagsüber tummeln sich Touristen aus aller Welt zwischen Michaelertor ❶, Hauptplatz ❾ und Promenade ❻, abends und nachts frequentieren Studenten die zahlreichen Kneipen und Klubs. Die Altstadt ist lebendig, doch es herrscht keine Hektik. Da die wichtigsten Sehenswürdigkeiten nahe beieinander liegen, kann man sich in aller Ruhe durch die Gassen treiben lassen. An jeder Ecke finden sich kleine Kunstwerke und spannende Details aus alten Zeiten. Touristische Magneten der Neuzeit sind die skurrilen Bronzestatuen (s. S. 26), die über die ganze Altstadt verteilt sind.

❶ Michaelertor (Michalská brána) ★★★ [D5]

Als einziges Stadttor der mittelalterlichen Befestigungsanlagen hat das Michaelertor aus dem 14. Jahrhundert am Ende der Michalská-Straße überlebt. Das Turmdach wurde zwischen 1753 und 1758 barockisiert. Die Spitze des 51 Meter hohen Turms ziert eine Statue des Erzengels Michael. Von der darunter gelegenen Besucherplattform genießt man einen wunderbaren Blick über die Stadt. Außerdem beherbergt der Turm ein Museum mit historischen Waffen. Das Tor erinnert an die einstmals vor den Mauern der Altstadt gelegene Michaelskirche, die von den Türken im 16. Jahrhundert zerstört worden ist. Heute befindet sich an dem Platz die Trinitarierkirche ⑯.

008bi-se

Bevor man die alte Pressburger Innenstadt durch das Michaelertor betritt, passiert man eine Brücke, die den einstigen Stadtgraben überquert. Im Gegensatz zu großen Teilen der ehemaligen Stadtbefestigung sind Tor und Wall hier erhalten geblieben. Bevor man das Tor durchschreitet, sollte man hier kurz innehalten, denn das architektonische Ensemble ist sicherlich eines der reizvollsten der Stadt. Die Brücke selbst bewachen zwei barocke Heiligenstatuen: jene des **Erzengels Michael** und die des **heiligen Nepomuk.** Als traditioneller Brückenheiliger ist Johannes Nepomuk, der sein Martyrium in Prag erlitt, geradezu prädestiniert für diesen Platz. Nepomukstatuen findet man übrigens in der gesamten habsburgischen Region zwischen Prag, Wien und Bratislava sehr häufig. Im Zeitalter von Gegenreformation und Barock avancierte der meist mit einem Sternenkranz geschmückte Prager Märtyrer quasi zu einem Popstar unter den katholischen Heiligen – kein Wunder also, dass man ihm auch an dieser so markanten Stelle begegnet. Von der Brücke aus kann man auch Einblicke in die idyllischen **Hinterhöfe der Altstadt** erhaschen.

Weniger idyllisch war der **Pranger-Käfig** aus dem 16. Jahrhundert, der sich ebenfalls bei der alten Brücke befand. Hier wurden Kleinkriminelle des ausgehenden Mittelalters dem Spott und den Beschimpfungen der schadenfrohen, vermeintlich unbescholtenen Bürger ausgesetzt. An

den Metallscharnieren erkennt man bei genauem Hinsehen noch die alten Renaissance-Verzierungen.

Nur wenige Meter entfernt ist in der Michalská-Straße 26 seit Jahrhunderten die **Apotheke Zum Roten Krebs** beheimatet – leicht erkennbar am hübschen Ladenschild samt Krustentier. Seit 1960 dient sie als **Pharmaziemuseum** (s. S. 81), wobei die Ausstattung größtenteils im Originalzustand erhalten ist. Die Sammlung umfasst einige tausend Objekte, unter anderem antike pharmazeutische Literatur, Waagen, Geschirre und historische Geräte.

Im Pflaster des Tordurchgangs ist der Null-Kilometerstein eingearbeitet, der über die Entfernung Bratislavas zu 29 weiteren Hauptstädten der Erde Auskunft gibt.

Im Innern des Torgebäudes befindet sich ein **Waffenmuseum.** Es spannt einen Bogen von spätmittelalterlichen Turnierausrüstungen bis hin zur Entwicklung von Feuerwaffen. Für das alte Pressburg hatte die Verteidigungsfähigkeit gegen äußere Feinde über die Jahrhunderte eine fundamentale Bedeutung, was sich auch in der Handwerkskunst verschiedener Berufssparten manifestiert. So wird unter anderem der alte Beruf der Büchsenmacher näher beleuchtet.

Viele Touristen besuchen das Museum jedoch nicht wegen der ausgestellten Rüstungen, Schwerter und Gewehre, sondern aufgrund der tollen Aussicht, die man von der oberen Terrasse auf Burg, Altstadtdächer und Außenbezirke genießt.

❯ Michalská 22, Tel. 00421 2 54433044, www.muzeum.bratislava.sk, geöffnet: Waffenmuseum und Aussichtsplattform Di.-Fr. 10–17, Sa./So. 11–18 Uhr, Eintritt: 4,50 €, ermäßigt 2,50 €, Familien 9 €

◁ *An der Brücke beim Michaelertor wacht der Heilige Nepomuk über das Wohl der Stadt*

❷ Michaelergasse (Michalská ulica) und Venturgasse (Ventúrska ulica) ★★ [D5]

Spätestens nach Durchschreiten des Michaelertors ❶ befindet man sich in einer der touristisch am stärksten frequentierten Gassen Bratislavas. Die Michalská hat sich in den letzten Jahrzehnten zu einer klassischen Touristengasse entwickelt – mit all ihren positiven wie negativen Begleiterscheinungen: Einerseits wurden die Fassaden der spätmittelalterlichen Gebäude aufwendig restauriert und es existiert ein lebendig-quirliges Straßenleben. Andererseits reihen sich Souvenirläden, Touristenlokale und Reklametafeln so eng aneinander, dass von authentischer Altstadtidylle nicht mehr die Rede sein kann.

Wandert man die Gasse etwas hinunter Richtung Ventúrska-Straße, so sollte man bei der Michalská Nr. 8 etwas genauer hinsehen. Die **Katharinenkapelle** ist so unauffällig in die Fassadenfront eingereiht, dass sie fast nicht auffällt. Hinter der Fassade aus dem Jahr 1840 verbirgt sich ein schlichter gotischer Kirchenraum, der leider fast immer verschlossen ist.

An der Sedlárska, die zum Hauptplatz ❾ führt, geht die Michalská in die Ventúrska über. Auch hier reiht sich ein Lokal an das andere. Dazwischen gibt es ein paar hübsche Antiquitätenläden. Das geschichtsträchtigste Gebäude der Altstadtgasse ist das Gebäude der **Universitas Istropolitana** – äußerlich leicht an der Beflaggung erkennbar. Hier wurde im Jahr 1465 im Auftrag des ungarischen Königs Matthias Corvinus von Papst Paul II. die erste Pressburger Universität gegründet. Damit war sie zu jener Zeit die einzige Universität des Königreichs Ungarn, gleichzeitig ist sie die älteste Universität auf slowakischem Staatsgebiet. In dem Renaissancegebäude ist bis heute die Hochschule für Musische Künste untergebracht.

❸ Rund um das Klarissenkloster (Kláštor klarisiek) ★★ [D5]

Vom Michaelertor ❶ geht es zunächst durch die enge Gasse Baštová (Basteigasse) in westlicher Richtung. Sie versprüht mit ihren alten Häuserfassaden und Verbindungsbögen mittelalterlichen Charme. An ihrem Ende links in die ehemalige Klarissengasse (Klariská) eingebogen, erreicht man in Windeseile eines der ältesten Klöster Pressburgs: das Klarissenkloster. Es wurde bereits im 13. Jahrhundert gegründet; im 14. Jahrhundert entstand die **Klarissenkirche**. Leider ist sie genau wie die meisten kleineren Kirchen Bratislavas in der Regel verschlossen.

Markantestes Merkmal ist der unheimlich elegante **gotische Kirchturm** mit seinen fein gearbeiteten Ornamenten. Er stellt eine architektonische Besonderheit dar. Im Gegensatz zu den üblichen mittelalterlichen Kirchtürmen besitzt er kein Fundament, sondern steht auf einem Pfeiler der Umfassungsmauer. Mit diesem Trick umging der Bettelorden die Anordnung, aus Bescheidenheitsgründen auf einen „echten" Kirchturm zu verzichten. In seiner kunstvollen Gestaltung wirkt er ein wenig wie eine Miniaturausgabe des berühmten Südturms des Stephansdoms zu Wien.

Über die Farská gelangt man in eine weitere sehr malerische Altstadtgasse: die **Kapitulská ulica** – zu deutsch Kapitelgasse. Sie führt durch

einen der ältesten Teile der Altstadt und reiht wie an einer Perlenkette viele historische Gebäude aneinander. Hier herrscht ein augenfälliger Kontrast zwischen scheinbar unaufhaltsamem Verfall und schmucker Sanierung. Fotografen lieben diese romantische Mischung aus Mittelalter und Morbidität; wobei man ehrlicherweise zugeben muss, dass die meisten Gebäude erst nach Ende des Mittelalters entstanden sind: großteils in der Übergangsphase von Renaissance zu Barock. Ein uralter Zeuge der Vergangenheit ist der sogenannte **Kleine Probsthof** bei Nummer 15. Er soll ursprünglich aus dem 13. Jahrhundert stammen und gilt als eines der ältesten Gebäude des alten Pressburgs. An der Fassade wurden zwei mittelalterliche Fresken freigelegt. Wie der Name schon andeutet, stehen sehr viele Häuser der Kapitulská in historischer Verbindung mit dem Domkapitel (dem bischöflichen Verwaltungsbezirk): so etwa das frühbarocke **Jesuitenkolleg** bei Nummer 26 oder das gegenüberliegende **Palais der Propstei**, in dessen Garten die Statue der Heiligen Elisabeth von Ungarn steht.

Bevor man sich dem **Martinsdom** ❹ zuwendet, lohnt es sich, entweder von der Kapitulská aus über die schmale Prepoštská oder vom Rudnayovo námestie (dem Domvorplatz) einige Stufen hinauf zur Úzka zu steigen – einem kleinen Weg, der sich direkt an die mächtige Basteimauer schmiegt. Einst beschützte die mächtige **Altstadtmauer** Pressburg vor Feinden. Heute dient der Schutzwall als mächtige Barriere zur Stadtautobahn, welche die Altstadt vom Zuckermantel ⓭ und dem Burgberg trennt. Von Frühling bis Herbst können die Basteianlagen zwischen 10 und 20 Uhr kostenlos besichtigt werden. Es werden hier auch etliche Stadtansichten vor dem Bau der Stadtmauer präsentiert; zudem wird auf die Geschichte der Basteianlagen eingegangen.

⌃ *Ein verträumtes Stück Altstadt: die Kapitulská [C5] mit dem Turm der Klarissenkirche im Hintergrund*

④ Martinsdom (Katedrála svätého Martina) ★★★ [C5]

In Bratislava steht die Hauptkirche der Stadt nicht mitten im Zentrum der Altstadt, sondern – etwas geduckt unterhalb des Burghügels – direkt neben der Stadtautobahn. Dennoch gehört sie mit ihrem markanten Kirchturm zu den bedeutendsten Bauwerken der slowakischen Metropole.

Erbaut wurde der Martinsdom ab Ende des 13. Jahrhunderts an der Stelle, an der sich bereits zuvor eine kleine romanische Friedhofskapelle befunden hatte; fertiggestellt wurde er dann erst über 100 Jahre später im 15. Jahrhundert. Ab 1563 avancierte die Kathedrale zur ungarischen Krönungskirche: Bis 1830 neigten insgesamt elf habsburgische Monarchen samt Ehepartnern ihr Haupt, um die ungarische Stephanskrone vom Erzbischof in Empfang zu nehmen – unter ihnen Kaiser Maximilian II. und Kaiserin Maria Theresia. Kein Wunder also, dass die grenznah gelegene Kirche bis heute viele ungarische Besucher in ihren Bann zieht. An der Nordwand des Presbyteriums (Chorraum) erinnert eine Liste an die gekrönten österreichisch-ungarischen Herrscher.

Doch auch die **Kirchturmspitze** lässt keinen Zweifel daran, dass es sich hier nicht um eine gewöhnliche Pfarrkirche handelt: Bis heute erinnert ein vergoldetes Paradekissen mit der Nachbildung der ungarischen Stephanskrone anstatt des typischen Kirchturmkreuzes an die einst royale Funktion des Martinsdoms. Es soll über 300 Kilogramm schwer sein und von mehreren Kilogramm Gold überzogen sein.

Genauer hinhören sollte man beim feierlichen **Glockengeläut:** Aus dem Jahr 1674 stammt die 2,5 Tonnen schwere Glocke mit dem Namen Wederin. Ihr erhabener Klang wird seit dem Jahr 2000 von fünf weiteren Glocken ergänzt – jede einzelne ein Geschenk der fünf slowakischen Nachbarländer Tschechien, Polen, Ukraine, Ungarn und Österreich.

Im Laufe der Jahrhunderte erlebte das Kircheninnere etliche Veränderungen – von der Barockisierung im 18. Jahrhundert bis zur Regotisierung im Geist des 19. Jahrhunderts. Insofern markiert ein Besuch des wohl bedeutendsten slowakischen Gotteshauses – seit 2008 ist es offizielle Kathedrale des Erzbistums Bratislava – eine spannende Zeitreise vom Hochmittelalter bis in die Gegenwart.

010bl-mb

◁ *An der Spitze des Turms des Martinsdoms thront die ungarische Königskrone*

Betritt man das Kircheninnere über das Nordportal, so fasziniert sofort der erhabene Raum der dreischiffigen Kirche in seiner klar strukturierten Form. Schnell wird der Blick in Richtung Altarraum gelenkt. Der prächtige **gotische Chor** ist ein architektonisches Glanzstück des ausgehenden Mittelalters und entstand zwischen 1476 und 1487 unter der Regentschaft von König Matthias Corvinus. Hier fanden die Krönungszeremonien der ungarischen Monarchen statt, woran eine verzierte Liste der Monarchen an der Nordwand erinnert. Für die Besichtigung des Chors wird in der Hauptsaison ein Eintrittsgeld verlangt, das auch zum Besuch der Schatzkammer ❺ berechtigt.

Zwei bedeutende Kunstwerke des Barock haben die Umgestaltung hin zum gotischen „Originalzustand" überlebt: Bedeutendstes Kunstwerk und Blickfang ist das monumentale Reiterstandbild des Kirchenpatrons, des **Heiligen Martin mit dem Bettler von Georg Raphael Donner.** Der römische Heilige wirkt auf den ersten Blick eher wie ein ungarischer Feldherr hoch zu Ross über einem besiegten Feind. Bei genauerem Hinsehen erkennt man jedoch, dass der Reitersmann nichts Böses im Schilde führt, sondern gerade dabei ist, dem unbekleideten Bettler einen Teil seines Mantels mit dem Schwert abzutrennen. Beide Figuren zeichnen sich durch klassisch idealisierte Körperproportionen aus. Das um 1735 entstandene Denkmal aus Blei – das erste seiner Art in Mitteleuropa – war ursprünglich in den barocken Hauptaltar integriert und findet sich heute im rechten Seitenschiff vor dem Zugang zum Chor. Eine Glasplatte vor dem Denkmal ermöglicht den Blick auf uralte Gebeine, die von einem romanischen Friedhof aus dem 11. Jahrhundert stammen dürften und somit noch vor dem Bau des Domes bestattet wurden.

Ein weiteres von Donner gestaltetes künstlerisches Kleinod ist die **Sankt-Johannes-Elomosynarius-Kapelle** links vom Chor mit den beiden sie flankierenden lebensgroßen Engelsfiguren, vier Putten und dem Reliquienschrein des heiligen Johannes des Almosengebers. Er wurde im 6. Jahrhundert auf Zypern geboren und wirkte Anfang des 7. Jahrhunderts als Patriarch im ägyptischen Alexandria. Der Anstoß zum Bau der Kapelle kam vom ungarischen Erzbischof Imrich Esterhazy (1664–1745), der seinerseits in betender Haltung als Steinskulptur in einer Nische von Donner verewigt wurde – ein weiteres Meisterwerk des großartigen Wiener Barockkünstlers.

❯ Rudnayovo nám. 1, Tel. 00421 2 54433430, www.dom.fara.sk/index. php/de, geöffnet: Mo.–Fr. 11.30–18 Uhr (in den Wintermonaten bis 16 Uhr), Sa. 9–11.30, So. 13.30–16.30 Uhr, Eintritt frei, Besichtigung von Schatzkammer ❺ und Chor: 2 €, Gottesdienste in deutscher Sprache an Sonn- und Feiertagen um 7.45 Uhr

⌂ *Das berühmte Reiterstandbild des heiligen Martin im Innern der Kathedrale*

❺ Dom-Schatzkammer ★ [C5]

Die Schatzkammer des Doms gewährt interessante Einblicke in die über 500-jährige Geschichte des geschichtsträchtigsten slowakischen Gotteshauses, das gleichzeitig über Jahrhunderte ein spirituelles Bollwerk des ungarischen Königreichs war.

Unterhalb des Turms kann man gegen einen kleinen Obolus von 2 € die Schätze des alten Bistums genauer unter die Lupe nehmen. Neben liturgischen **Prachtgewändern** wie Ornaten und Mitren (Bischofsmützen) sind kunstvoll verzierte Bischofsstäbe, fein verzierte Abendmahlskelche, Monstranzen und andere Kleinode christlicher Kunst ausgestellt – unter anderem in der Kapelle der Kanoniker aus dem Jahr 1784. Besonders wertvolle Stücke sind unter anderem ein vergoldeter **Krönungskelch** aus dem 16. Jahrhundert, eine elegante gotische **Monstranz** aus dem 15. Jahrhundert sowie das **Krönungsornat** aus der zweiten Hälfte des 18. Jahrhunderts – eine kunstvolle Stickarbeit auf Seide mit bunten Blüten und Weintrauben.

EXTRATIPP

Der Spötter
In der Panská-Straße 29 (über dem Ladenfenster eines Optikgeschäfts) begegnet einem mit dem sogenannten Spötter ein skurriles Relikt aus alter Zeit: ein kleiner nackter Mann, der frech aus einer Nische herausblickt. Möglicherweise sollte er einst einen besonders neugierigen Nachbarn verspotten.
●1 [D5] **Spötter**, Panská 29, ca. 50 Meter südöstlich des Martinsdoms ❹ gelegen und vom südlichen Domvorplatz aus über eine Treppe erreichbar

KLEINE PAUSE

Liebenswertes Antiquitäten-Café
Unterhalb des Martinsdoms ❹ befindet sich das Café L'Aura. Hier kann man im Sommer schön im Freien sitzen. Auch innen gibt es einige Tische und zusätzlich jede Menge Antiquitäten, die käuflich erworben werden können. Die Betreiber des Cafés sind sehr freundlich.
⟳2 [C6] **Café L'Aura**, Rudnayovo námestie 4, Tel. 00421 908710499, geöffnet: So.–Do. 10–22, Fr./Sa. 10–24 Uhr

Verwunderung löst eine seltsame **schwarze Hand** auf einer Holztruhe aus. Sie ist angeblich das Zeugnis einer wundersamen **Geistererscheinung** aus dem 17. Jahrhundert und wurde in einer barocken Druckschrift unter dem folgenden schönen Titel wiedergegeben: „Beschreibung einer wunderlichen Tat, die sich zu Pressburg hat zugetragen. Von einem Geist, welcher von dem 24. Tag an des Monats Juli des 1641. Jahrs bis auf den 29. Tag Juni des 1642. Jahrs, aus dem Fegefeuer einer Jungfrau erschienen, mit ihr geredet, Hilfe von ihr begehrt und letztlich erlöset worden." Hier die Kurzerzählung der Geschichte: In jenen Monaten soll ein junges Mädchen mit dem Namen Regina Fischerin nachts immer wieder von einem weiß bekleideten alten Mann aufgesucht worden sein, bei dem es sich um den Geist eines gewissen Hans Clemens – genannt Zwespenbauer – gehandelt hat. Er forderte die Jungfrau auf,

▷ *Dem Märchendichter Hans Christian Andersen hat man auf der Promenade ein Denkmal gesetzt* mit unrechtmäßig erworbenem Geld aus seinem Nachlass ein Marienbild zu stiften.

Nach und nach erfuhr auch die Pressburger Geistlichkeit von dem Vorfall. Um seinem Wunsch Nachdruck zu verleihen, verewigte sich der Geist in Form eines schwarzen Handabdrucks auf einer Truhe, nachdem er zuvor bereits ein Kreuzzeichen erscheinen ließ. Schließlich kam man seinem Wunsche nach und so wurde er schließlich erlöst. Übrig blieb nur der geheimnisvolle Handabdruck.

› Besichtigung von Schatzkammer und Chor: 2 € (Schatzkammer geöffnet von April bis Anfang November)

❻ Promenade (Hviezdoslavovo námestie) ★★★ [D6]

Zwischen dem Rybné námestie, dem ehemaligen Fischplatz nahe dem Martinsdom ❹ und dem alten Slowakischen Nationaltheater erstreckt sich über fast 200 Meter Bratislavas wichtigster Prachtboulevard, der Hviezdoslav-Platz, umgangssprachlich meist nur Promenade genannt. Zwischen Cafés, Bäumen, Denkmälern und Prachtbauten pulsiert das urbane Leben der jungen europäischen Hauptstadt. Die Fußgängerzone lädt ein zum sehen und gesehen werden, zum flanieren, shoppen oder um einfach an einer der Brunnenanlagen die Seele baumeln zu lassen.

Entstanden ist die Promenade bereits im 18. Jahrhundert, als infolge der Demolierung alter Stadtmauern und der Füllung ehemaliger Wassergräben eine für die Altstadt untypisch große Fläche geschaffen wurde. Im Laufe der Jahrhunderte wechselte der Boulevard immer wieder seinen Namen: So hieß er unter anderem Promenadeplatz, Theaterplatz, Radetzkyplatz (benannt nach dem österreichischen Heerführer Josef Wenzel Radetzky) oder Kossuth-Platz (benannt nach dem ungarischen Politiker Lajos Kossuth).

Ein beliebtes Fotomotiv ist das Denkmal des dänischen Märchendichters **Hans Christian Andersen**, das am südwestlichen Beginn der Promenade steht. Der Stadt Pressburg hat Andersen einst ein schönes Kompliment gezollt: Auf die Frage, ob er über die Stadt ein Märchen schreiben wolle, soll er geantwortet haben: „Nicht nötig, die Stadt ist selbst schon ein Märchen." In der Nähe des Märchendichters steht ein hübscher kleiner Brunnen, der eine leicht bekleidete junge Dame und ein Reh darstellt.

012bi·se

se-bild00

Deutlich monumentaler präsentiert sich das den Platz dominierende Brunnen-Denkmal für den slowakischen Dichter **Pavol Országh Hviezdoslav** im Zentrum, welchem die Promenade seit 1931 ihren Namen verdankt. Er prägte die slowakische Dichtkunst und Sprachentwicklung des 19. und beginnenden 20. Jahrhunderts maßgeblich – seine überlebensgroße Statue symbolisiert nicht nur die literarischen Inhalte des Schriftstellers, sondern auch das aufkommende Selbstbewusstsein der slowakischen Sprache im ungarisch dominierten Königreich jener Epoche.

Bedeutende Gebäude sind das **Hotel Carlton**, das ehemalige Hotel Savoy – immer noch eine der feinsten Adressen der Stadt –, und das Gebäude der Botschaft der USA.

Den Abschluss der Promenade bildet das **Slowakische Nationaltheater**. Als Stadttheater wurde es zwischen 1884 und 1886 im Neorenaissance-Stil vom renommierten Wiener Architekten-Duo Ferdinand Fellner und Hermann Helmer errichtet. Bereits 100 Jahre früher stand an diesem Platz das Ständetheater, welches dem Prunkbau weichen musste.

In die Fassade sind die Büsten bedeutender Komponisten eingearbeitet. Auf dem Dach thront die monumentale Steinskulptur der Muse Thalia, die bereits in der griechischen Mythologie für das Theater Patin stand. Flankiert wird sie von zwei Putten, welche die Komödie und die Tragödie symbolisieren.

Nach der Gründung der Tschechoslowakei wurde das Haus 1920 zum Slowakischen Nationaltheater für Schauspiel, Oper und Ballett. Zur Eröffnung am 1. März kam die Oper „Hubička" („Der Kuss") des im neu gegründeten Staat hoch verehrten tschechischen Komponisten Bedřich Smetana zur Aufführung. Da das Haus bereits nach der Wende in den 1990er-Jahren längst zu klein für die Vielzahl an Aufführungen geworden war, entschloss man sich zum Bau des Neuen Nationaltheaters (s. S. 92) in der Nähe der Donau. Auch im historischen Gebäude finden aber weiterhin Aufführungen statt (www.snd.sk).

Auf dem Platz davor steht der **Ganymed-Brunnen**, ein Werk des gebürtigen Pressburger Bildhauers Viktor Tilgner aus dem Jahre 1888. Es stellt die Entführung des Hirtenjungen Ganymed durch Zeus, der sich in einen Adler verwandelt hat, in den Olymp dar. Im Sommer werden in diesem Bereich des Platzes an Ständen regionale Produkte angeboten, unter anderem der oft unterschätzte slowakische Wein; ab Ende November vergnügen sich Einheimische und Touristen auf dem Weihnachtsmarkt. Die Promenade ist ein schönes Beispiel für die Lebendigkeit und Lebensfreude der jungen europäischen Hauptstadt, die es in positiver Hinsicht verstanden hat, ihre Altstadt nicht zu einer global austauschbaren Shoppingmeile verkommen zu lassen.

An den Hviezdoslav-Platz schließt beim Nationaltheater der Platz **Námestie Eugena Suchoňa** an. Dort steht ein **Siegesdenkmal**, das an die Befreiung Bratislavas von den deutschen Besatzern erinnert. Dahinter steht die **neoklassizistische Reduta**, in der die Slowakische Philharmonie (s. S. 92) beheimatet ist.

❼ Galerie der Stadt Bratislava (Palais Pálffy, Pálffyho Palác) ★★★ [D5]

Gleich zwei historisch bedeutsame Gebäude der Altstadt bilden den Rahmen für die hochwertigen Ausstellungen der Galerie der Stadt Bratislava (Galéria mesta Bratislavy): das Palais Mirbach (Mirbachov Palác) ⓴ *und das Palais Pálffy (Pálffyho Palac). Zusammen bilden sie die zweitgröß-*

te Galerie der Slowakei. Präsentiert werden einzigartige Schätze von der Frühzeit bis zur Gegenwart.

Im unweit der Promenade ❻ befindlichen Palais Pálffy mit seiner spätklassizistischen Fassade taucht man tief in die Geschichte der Stadt ein. Bei Renovierungsarbeiten in den 1980er-Jahren entdeckte man Fundamente aus dem 13. und 14. Jahrhundert und konservierte diese aufwendig. Im Untergeschoss fanden Archäologen sogar Überreste aus der Zeit der keltischen Besiedelung Bratislavas.

Dies führte zu einer ständigen Ausstellung über Metallgießerei und Münzwesen unter dem Motto **Keltische Münze in Bratislava**. Zu sehen ist auch ein Keltengrab mit Funden, die dem 1. Jahrhundert nach Christus zugerechnet werden.

Eine weitere Ausstellung widmet sich dem Thema **Gotische Malkunst und Plastik.** Anhand von 19 Werken des Mittelalters wird die Epoche des 14. bis 16. Jahrhunderts dokumentiert. Besondere Beachtung verdienen die **Madonna aus Vajnory** aus der Zeit um 1320, eine Kopie der Madonna von Altötting (Bayern), sowie ein ausdrucksstarkes Tafelbild der heiligen Elisabeth von Thüringen aus dem 15. Jahrhundert. Die Heilige – auch bekannt als heilige Elisabeth von Ungarn – begegnet einem in Bratislava immer wieder.

Auch **neuzeitlicher Kunst** wird im Palais Pálffy ein breiter Raum eingeräumt: Eine weitere Dauerausstellung befasst sich mit dem Thema Mitteleuropäische Malkunst und Bildhau-

◁ *Auf der Promenade* ❻ *herrscht im Sommer eine heitere Atmosphäre*

erkunst zwischen 1800 und 1918. Gezeigt werden Werke des Klassizismus, des Biedermeiers, der Romantik und des Jugendstils aus der Endphase der österreichisch-ungarischen Doppelmonarchie. Eines unter vielen Meisterwerken: das Ölgemälde „Orpheus und Eurydike" des mährischen Künstlers Eduard Kasparides.

„**Geschichten und Phänomene, Slowakische bildende Kunst des 20. Jahrhunderts**" lautet der Titel einer weiteren ständigen Exposition, die sich mit der modernen Kunst zwischen den Weltkriegen sowie der sozialistischen Ära ab 1945 beschäftigt. Die tief verwurzelte christliche Prägung der Slowakei kommt dabei auch im modernen Kunststil zur Geltung: Beispiele sind die Kreuzigungsszene Golgota von Zoltán Palugyay, die zwischen 1926 und 1928 entstanden

Adel verpflichtet: die Pálffys und die Via Pálffy

Der Name Pálffy begegnet einem in Bratislava nicht nur bei einem der beiden Hauptgebäude der Galerie der Stadt Bratislava; man stößt in der Stadt und im Umland immer wieder auf ihn. Bei den Pálffy von Erdöd handelt es sich um ein bedeutendes österreichisch-ungarisches Adelsgeschlecht, das seinen Ursprung in der heutigen Slowakei und in Rumänien (Siebenbürgen) hat - beides bis zum Ersten Weltkrieg dem ungarischen Königreich zugehörig.

Ende des 16. Jh. wurden sie zu Reichsgrafen ernannt und stellten in den folgenden Jahrhunderten bedeutende Mitglieder im ungarischen Militär- und Beamtenapparat. Der Namenszusatz „von Erdöd" resultiert aus einer Hochzeit des Grafen Paul Pálffy mit Klara Bakocz von Erdöd. Etliche Familienmitglieder wie Paul Pálffy (1580-1653) und Nikolaus Pálffy (1657-1732) hatten die Stellung eines Palatin inne und bekleideten somit das höchste ungarische Staatsamt. Letztgenannter erwarb sich unter anderem militärische Verdienste bei der Schlacht gegen die Türken vor Wien im Jahre 1683 und während der darauffolgenden Schlachten, bei denen die Türken nach und nach wieder aus Ungarn vertrieben wurden. Auch bei der Schlacht von Belgrad 1688 leistete er dem bayerischen Kurfürsten Max Emanuel wertvolle Dienste.

Ein weiterer Spross des Adelsgeschlechts, Johann Pálffy, stand in enger Beziehung zur österreichischen Kaiserin Maria Theresia. Durch diplomatisches Geschick setzte er die Pragmatische Sanktion, die der Tochter Karls VI. die Kaiserkrone sicherte, bei den kroatischen und ungarischen Ständen durch. Die Monarchin dankte es ihm durch wertvolle Geschenke, verbunden mit einem persönlichen Dankesschreiben: „Mein Vater Pálffy! Ich sende Euch dieses Pferd, welches nur allein von dem Eifrigsten Meiner Unterthanen bestiegen zu werden würdig ist. Empfanget zugleich diesen Degen, um Mich wider Meine Feinde zu beschützen, und nehmet diesen Ring als Kennzeichen Meiner gegen Euch tragenden Zuneigung an ..."

Kein Wunder also, dass sich das Adelsgeschlecht an Donau und March auch baulich verewigt hat. Allein in Bratislava gibt es fünf Palais Pálffy: die bedeutendsten sind das bereits beschriebene, in dem sich die Stadtgalerie ❶ befindet und jenes in der

ist, und die Madonna in Rot von Ludo-vít Fulla aus dem Jahr 1935. Zu den herausragenden Kunstwerken der Moderne zählen das begehbare ero-tische Werk **Villa der Mysterien** von Alex Mlynárčik aus den 1960er-Jah-ren und die Installation **Passage** von **Matej Krén** – bestehend aus etwa 15.000 aufgeschichteten Büchern, welche in Verbindung mit Spiegeln die Illusion des unendlichen Raums

Venturgasse ❷*, dessen Eingangs-portal mit etlichen Kriegstrophäen geschmückt ist. Auch mit der Burg Bratislava standen die Pálffys, von de-nen etliche als Stadtkommandanten fungierten, stets in enger Verbindung. Man kann wohl mit Fug und Recht be-haupten, dass kein anderes Adelsge-schlecht seit dem Mittelalter so eng mit Bratislava in Beziehung stand wie je-nes der Pálffy. Die Familiengruft befin-det sich gleich unterhalb der Burg im Martinsdom ❹, dem wichtigsten Sa-kralbau der Stadt. Auch auf österrei-chischem Gebiet besaß die Familie et-liche Besitzungen, unter anderem das grenznah gelegene Schloss Marchegg.*
❯ *Tipp: Wer sich auf eine intensi-ve Spurensuche begeben will, kann dies auf der Via Pálffy tun. Unter dem Motto „Eine Reise durch das Land edler Herren, die jahrhun-der-telang das Gesicht des Pressburger Komitats formten" gibt es bei der Touristinformation (s. S. 118) eine kleine Broschüre, in der insgesamt 22 Plätze und vier Ausflugstipps auf Deutsch beschrieben sind. Im Inter-net sind Geschichte und Örtlichkei-ten teilweise auf Deutsch beschrie-ben (www.viapalffy.sk).*

und der Unendlichkeit menschlicher Erkenntnis symbolisieren soll. Über eine Brücke scheint man einen ge-waltigen Abgrund zu überschreiten – Menschen mit Höhenangst könnte es dabei schwindelig werden.
❯ Panská 19, Tel. 00421 2 54433627, www.gmb.sk, geöffnet: Di.–Sa. 11–18 Uhr, Eintritt: 3,50 € (erm. 2 €), spezielle Ausstellungen: 4 €, Matej Krén Passage: 2 €, Familienticket: 6 €

❽ Slowakische Nationalgalerie (Palais Esterházy) und Ľudovít-Štúr-Platz (Námestie Ľudovíta Štúra) ★★ [D6]

Die Slowakische Nationalgalerie be-steht seit 1948 und wurde als staatli-che Institution im Bereich der Kunst-historik, Kunstsammlung, wissen-schaftlichen Forschung, Kultur und Bildung gegründet. In Bratislava war das zentrale Gebäude die Barockre-sidenz **Palais Esterházy** mit vier Sei-tenflügeln direkt am Donauufer. Der Bau stammt aus den Jahren 1759 bis 1763. Aufgrund von Platzmangel entstand zwischen 1969 und 1977 ein großer Anbau im Stil des Bruta-lismus – auch **Wasserkaserne** oder Brücke genannt. Von der Donaulän-de aus erinnert der Betonklotz eher an ein sozialistisches Parkhaus als an einen Kunsttempel – eine faszi-nierende und zugleich abschrecken-de Architektur. Bereits seit 2001 ist dieser Gebäudeteil geschlossen und wartet auf eine Renovierung.

Die Sammlungen der Nationalgale-rie reichen von **mittelalterlichen Meis-terwerken** der Gotik über Gemälde aus der Epoche des **Barock** bis hin zur **zeitgenössischen Kunst.** Die perma-nente Ausstellung im Palais Esterházy befindet sich im ersten Stockwerk.

Čumil und die Bronzestatuen

Auch wenn es kulturhistorisch sicher bedeutsamere Sehenswürdigkeiten in Bratislava gibt - fast nichts wird so gern fotografiert und sorgt so sehr für allgemeine Belustigung auswärtiger Besucher wie die berühmten Bronzestatuen in der Altstadt. Der absolute Star ist ein Kanalarbeiter.

Sie begegnen dem Spaziergänger überall, sei es auf dem prestigeträchtigen Hauptplatz ❾ oder in kleineren Seitengassen der Altstadt: die heiteren Bronzeskulpturen, die bedeutende Persönlichkeiten ebenso wie einfache Alltagsmenschen abbilden. Zu letzterer Kategorie zählt Bratislavas wohl beliebtestes Fotomotiv, der **Čumil (Man at work).** Dabei handelt es sich um einen Kanalarbeiter, der seit 1997 spitzbübisch aus einem Gullideckel an der Ecke Panská/Rybárska brána unweit des Hauptplatzes herausschaut. Ob er den schönen Frauen Bratislavas hinterherblickt oder einfach nur seine Mittagspause am Tageslicht genießen will, soll jeder selbst entscheiden. Bei all dem Rummel, den der vom Künstler Viktor Hulík geschaffene Gaffer auslöst, muss man sich eher wundern, dass er nicht schon längst wieder im feuchten Kanalnetz der Stadt verschwunden ist. Teilweise stellen sich die Touristen sogar in eine Schlange, um sich mit dem Čumil fotografieren zu lassen - aus dem Kanalarbeiter ist ein echter Popstar geworden!

Ein nicht weniger beliebter Bronzeheld ist der nicht weit entfernte **Schöne Náci** an der Ecke Rybárska brána/Hlavné námestie (Hauptplatz). Im Gegensatz zum Čumil handelt es sich bei ihm um eine historische Per-

sönlichkeit und ein schrulliges Stadtoriginal: Ignác Lamár lebte zwischen 1897 und 1967 und hob - mit Frack und Lackschuhen stets fein gekleidet - insbesondere vor weiblichen Passantinnen seinen Zylinder zum Gruße mit den Worten: „Küss' die Hand, gnädige Frau!" 30 Jahre lang ging er den Bürgern Bratislavas ab; seit 1997 grüßt zumindest die mechanisch bewegliche Skulptur wieder Damen und auch Herren.

Ebenfalls am Hauptplatz lehnt ein weiterer Geselle aus Bronze über einer Bank - im Gegensatz zum Schönen Náci war er weniger charmant und friedliebend: **Napoléon Bonaparte.** Im Jahr 1805 verweilte er nach der für ihn siegreichen Schlacht bei Austerlitz einige Tage zur Unterzeichnung des Pressburger Friedens im Primatialpalast ⓫. Einen seiner **Soldaten** hat der französische Feldherr auch gleich auf den Hauptplatz mitgebracht. Vor einem Souvenirgeschäft hält er Wache, geschützt von einem kleinen Unterstand.

Außerhalb der Altstadt kann man noch weitere skurrile Entdeckungen machen, wie etwa zwei freche junge **Skateboarderinnen,** die an einem Briefkasten in der Obchodná ㉙ Pause machen, oder verschiedene **Zirkusfiguren,** die das **Eurovea-Einkaufszentrum** ㉖ beleben sollen.

In den anderen Stockwerken gibt es regelmäßig wechselnde **Sonderausstellungen**. Zusätzlich verfügt das Haus über einen angeschlossenen **Büchershop** und das **Berlinka Café** (tägl. 10–22 Uhr). Derzeit wird das Museum umgebaut, weshalb es für Besucher zu Einschränkungen kommen kann. Der Ľudovít-Štúr-Platz vor dem Museum wird von einem monumentalen Denkmal aus dem Jahr 1972 dominiert, das an den gleichnamigen berühmten slowakischen Schriftsteller erinnert. Im 18. und 19. Jh. befand sich hier der Krönungshügel für die ungarischen Könige. Zwischen 1897 und 1921 stand hier ein nicht minder monumentales Denkmal für Maria Theresia und später ein Monument zu Ehren der Tschechoslowakei.

❭ Námestie Ľudovíta Štúra, mehrere Straßenbahnen, Tel. 00421 2 20476238, www.sng.sk, geöffnet: Di./ Mi., Fr.–So. 10–18, Do. 12–20 Uhr

▽ *Herz der Altstadt: Hauptplatz mit Altem Rathaus* *und Maximilian-Brunnen (Rolandsbrunnen)*

❾ **Hauptplatz (Hlavné námestie)** ★ ★ ★ **[D5]**

Der Hauptplatz Hlavné námestie ist Bratislavas gute Stube und das Zentrum der Altstadt. Neuere archäologische Untersuchungen legen nahe, dass sich hier bereits ein keltisches Oppidum befunden haben könnte.

Markanter Blickfang des harmonischen Platzes ist das **Alte Rathaus** , ein Konglomerat verschiedener Baustile, das ursprünglich aus dem 14. Jahrhundert stammt. Weitere bedeutende Bauwerke des Platzes sind das **Rokoko-Palais Kutscherfeld (Palais Esterházy)**, in dem der russische Pianist und Komponist Anton Rubinstein lebte und in dem sich heute die französische Botschaft befindet, sowie das im Jugendstil errichtete noble **Stadtpalais Roland** mit dem **Maximilian-Brunnen** (besser bekannt als **Rolandsbrunnen**) davor. Von dem Ritter auf der Säule berichtet die Legende, dass er sich in der Neujahrsnacht umdreht und am Karfreitag das Schwert als Beschützer der Stadt in alle vier Himmelsrichtungen

schwingt. Sehen können diese Bewegungen allerdings nur Stadtbürger, die reinen Herzens sind. Falls sich der Ritter vor den Augen eines Touristen bewegt, könnte es aber auch an einem Übermaß des süffigen slowakischen Bieres liegen. Zu den neueren Skulpturen zählt ein über eine Bank gebückter **Napoleonischer Soldat** aus Bronze, der als beliebtes Fotomotiv herhalten muss.

Links neben dem Alten Rathaus befindet sich die **Jesuitenkirche** beziehungsweise Kirche des Heiligsten Erlösers (Kostol Najsvätejšieho Spasiteľa). Das Bauwerk aus der Renaissance diente ursprünglich den protestantischen Christen der Stadt als Gotteshaus. Im Zuge der Gegenreformation ging sie in den Besitz der Jesuiten über. Bei der Bevölkerung ist das Kircheninnere stets ein beliebter Andachtsort. Sehenswert sind unter anderem die Rokoko-Kanzel und das Kruzifix im linken Seitenaltar mit der trauernden Maria Magdalena darunter.

☑ *Ein Ort zum Verweilen:*
der Innenhof des Alten Rathauses
mit seinen Arkaden

❿ Altes Rathaus (Stará radnica) ★★★ [D5]

Das Alte Rathaus gehört zu den architektonischen Schmuckstücken der Altstadt. Charakteristisch sind der Turm und der Erker über dem Eingang mit seinem bunten Ziegeldach.

Gleichzeitig ist das Alte Rathaus eines der ältesten Bauwerke der Stadt: Der dem Hauptplatz ❾ zugewandte Westtrakt stammt aus dem 14. Jahrhundert und gehörte einst einem Richter Jakob, wobei es sich bei dem Begriff Richter um den mittelalterlichen Gemeindevorsteher beziehungsweise Bürgermeister handelte.

Bereits aus dem 13. Jahrhundert stammt der **gotische Rathausturm,** der früher als Wehrturm fungierte und zusammen mit dem Jakob-Haus in das Rathausensemble einbezogen wurde. Nach einer Feuersbrunst im Jahre 1733 erhielt der Turm das noch heute existierende Barockdach.

Im Rahmen von Erweiterungsarbeiten im Jahre 1442 entstand der Durchgang zum Innenhof. Ein beliebtes Fotomotiv ist der mit bunten Ziegeln farbenfroh gedeckte Erker darüber, der ein wenig an das Goldene Dachl in Innsbruck erinnert – ebenfalls ein Werk des ausgehenden Mit-

015bi-se

telalters. Wenn man den Durchgang – ein gotisches Kreuzgewölbe – durchschreitet, gelangt man schnurstracks in die Epoche der Renaissance: im hübschen **Innenhof mit seinen Arkadengängen**, die zum Teil aus dem 16. Jahrhundert stammen.

Durch einen weiteren Durchgang verlässt man den Innenhof in Richtung **Primatialpalast ⓫**.

Wer genauer hinschaut, wird an der Fassade einen ganzen **Tierpark an Steinreliefs** vorfinden, die für Erheiterung sorgen: Bären, Hunde, Drachen, ein Eichhörnchen, ein Affe und eine Fledermaus. Scheinbar hatten die Steinmetze einen ausgeprägten Sinn für Humor. Eigentlich nichts Neues: In der gesamten Altstadt Bratislavas regiert eine gewisse Heiterkeit.

Im Alten Rathaus ist heute das **Museum der Stadt Bratislava** untergebracht, das die Geschichte der Stadt von der Vorzeit bis in die Moderne dokumentiert. Ausgestellt sind unter anderem sakrale Skulpturen aus dem Mittelalter und Gemälde aus der Barockzeit. Über Touchscreens kann man tiefer in die unterschiedlichen Geschichtsepochen eintauchen; ein Dokumentarfilm informiert über ausgewählte Bürger, welche die Stadt über Jahrhunderte geprägt haben. Auch den alten Wehrturm kann man erklimmen, von wo aus man einen wunderbaren Blick über den Hauptplatz ⓽ und die Altstadt genießt.

❭ **Museum der Stadtgeschichte Bratislavas (Múzeum mesta Bratislavy),** Primaciálne námestie 3, Tel. 00421 2 59205130, www.muzeum.bratislava.sk, geöffnet: Di.–Fr. 10–17, Sa./So. 11–18 Uhr, Eintritt: 5 €, 2 € (ermäßigt), 10 € Familienticket (zwei Erwachsene und zwei Kinder unter 14 Jahren). Der Durchgang durch den Innenhof ist kostenlos.

⓫ Primatialpalast (Primaciálny palác) ★★★ [D5]

Das wohl bedeutendste Palais der Altstadt, welches sich hinter dem Alten Rathaus verbirgt und über die beiden Durchgänge durch selbiges erreicht wird, ist tatsächlich mehr Palast als Palais. Erbaut wurde der Primatialpalast zwischen 1778 und 1781 als Kardinalsresidenz im Auftrag des ungarischen Primas József Batthyány.

Bereits im Mittelalter befand sich auf dem Gelände der Sitz des Erzbischofs von Esztergóm. Dieser führte als oberster kirchlicher Würdenträger Ungarns den Titel Primas. Batthyány beauftragte für den Neubau den renommierten österreichischen Architekten Melchior Hefele. Die Epoche des Barock neigt sich auch in Pressburg ihrem Ende entgegen, mit dem Primatialpalast schuf Hefele ein bedeutendes Werk des **frühen Klassizismus.**

Vor der Fassade stehend, lohnt ein Blick nach oben zu den **Statuen auf dem Dach:** Ganz im Stile des Klassizismus symbolisieren sie die Tugenden und sollen eine Verbindung zwischen klassischer Antike und Christentum herstellen. Geschaffen hat sie der Bildhauer Johann Adam Messerschmidt, der Bruder des berühmten Franz Xaver Messerschmidt (s. S. 35). Auf der Spitze des dreieckigen Tympanons thront beziehungsweise schwebt ein 150 Kilogramm schwerer **Kardinalshut,** der die damalige Macht des Kirchenfürsten unterstreicht. Zwei Engel unterhalb des zentralen obersten Fensters halten die Buchstaben C und I in die Höhe; sie stehen für die bevorzugten Tugenden Kardinal Batthyánys, für Güte (Clementia) und Gerechtigkeit (Iustitia).

Beim Betreten des Innenhofs sticht sofort der **Brunnen mit der Statue des Heiligen Georgs** ins Auge, der zu Pferd den Drachen tötet. Er ist älter als der Palast selbst und stammt aus der Zeit der Renaissance. Einer alten Stadtlegende zufolge erwacht der Heilige am Tag seines Patroziniums, dem 23. April, zum Leben, dreht sich mit seinem Pferd um die eigene Achse und verbeugt sich vor der Stadtbevölkerung. Wie bereits beim Rolandsbrunnen (s. S. 27) erwähnt, ist er damit in Bratislava nicht allein.

Das bedeutendste historische Ereignis, welches im Primatialpalast stattfand, war der **Pressburger Friede** im Jahre 1805. Marmorplatten im Innenhof erinnern in unterschiedlichen Sprachen an einen der wichtigsten Siege des französischen Kriegsfürsten Napoleon Bonaparte. Auf Deutsch erfährt man: „In diesem Hause wurde nach der Schlacht bei Austerlitz am 26ten Dezember 1805 der Pressburger Frieden geschlossen, welcher dem Reiche des österreichischen Kaisers Franz den I. Venetien, Istrien, Dalmatien und Tirol entriss, den Kaiser Napoleon hingegen auf den Gipfel seiner Macht erhob. Die Friedensurkunde wurde seitens des französischen Kaisers von Talleyrand, seitens des Kaisers von Österreich hingegen von Lichtenstein unterzeichnet. Zum Gedächtnis des großen Weltereignisses wurde diese Inschrifttafel bei Gelegenheit der hundertjährigen Wiederkehr des Tages von der Bevölkerung Pressburgs im Jahre 1905 in die Wand dieses Hauses eingelassen."

1903 verkaufte der Erzbischof den Palast an die Stadt – ein schwerer Fehler, wie sich herausstellen sollte: Bei Sanierungsarbeiten entdeckte man einen einzigartigen Schatz: **wertvolle Wandteppiche!** Die Gobelins wurden in der königlichen Tapisserie-Manufaktur im englischen Mortlake bei London zwischen 1630 und 1640 in der Technik der Bildwirkerei gefertigt. Die Wandteppiche erzählen die antike griechische Sage rund um die Liebe zwischen Hero und Leander.

Heute dient der Palast, zu dessen Räumlichkeiten der prunkvolle **Spiegelsaal** und die **Ladislauskapelle** mit einem Deckenfresko des österreichischen Barockmalers Franz Anton Maulbertsch gehören, als **Museum** und beherbergt jene **kostbare Tapisserien-Serie**.

Dem Primatialpalast gegenüber steht das 1947 errichtete **Neue Rathaus**, das sich jedoch nicht durch besondere Eleganz und Schönheit auszeichnet. Noch ein weiterer Brunnen auf dem Platz verdient Beachtung: In ihn wurden bis ins 18. Jahrhundert betrügerische Handwerker getaucht, beispielsweise Bäcker, die zu kleine Brötchen gebacken hatten. Auf dem Platz ist im Winter eine kleine Eislauffläche errichtet.

❯ Primaciálne námestie 1, Tel. 00421 2 59356394, geöffnet: Di.–So. 10–17 Uhr, Eintritt: 3 €, bis 26 Jahre frei

016bl-se

⑫ Galerie Nedbalka ★★★ [E5]

Liebhaber moderner zeitgenössischer Kunst sollten sich einen Besuch der Galerie Nedbalka auf keinen Fall entgehen lassen. Auf fünf kompakten Ebenen bietet das architektonische Glanzlicht facettenreiche slowakische Kunst vom Ende des 19. Jahrhunderts bis in unsere Gegenwart.

Die Architektur kann sich sehen lassen: In der ein wenig an das New Yorker Guggenheim Museum angelehnten Galerie schlängeln sich vier Stockwerke kreisförmig um den **imposanten Lichtschacht** im Zentrum. Das Museum stellt somit einen spannenden städtebaulichen Kontrast zur Außenfassade und zum mittelalterlichen Umfeld der ehemaligen Stadtmauer dar.

Über 600 Exponate warten darauf, entdeckt zu werden: von klassischen Gemälden über Grafiken und Skulpturen bis hin zu modernen Objekten. Daneben gibt es wechselnde Ausstellungen im Erdgeschoss.

Das erste Stockwerk widmet sich dem Thema **Persönlichkeiten und Phänomene.** Hierbei stehen zeitgenössische slowakische Künstler von der zweiten Hälfte des 20. Jahrhunderts bis heute im Fokus. Oft trotzten sie dem allgemeinen Zeitgeschmack des vorherrschenden Sozialistischen Realismus und verwirklichten ihre eigene Überzeugung von Kunst.

Das zweite Stockwerk ist ganz der **Mikuláš-Galanda-Gruppe** gewidmet, die von 1957 bis 1969 über die Grenzen der Tschechoslowakei hinaus für Furore sorgte. Die Künstlergruppe berief sich auf den Vorreiter moderner tschechoslowakischer Kunst, Mikuláš Galanda, der Anfang des 20. Jahrhunderts wirkte. 1972 wurden die Mitglieder der Gruppe von sozialistischen Kunsthütern aus dem Verband bildender Künstler ausgeschlossen, was mit dem Verbot öffentlicher Ausstellungen und anderen Repressalien einherging. Eine Rehabilitation erlebten die Künstler erst nach der Wende 1989.

Das dritte Stockwerk führt zeitlich gesehen ein Stück weiter zurück und beschäftigt sich unter dem Motto **Slowakische Moderne der bildenden Kunst** mit der Epoche zwischen den beiden Weltkriegen. Sie spiegelt die Zerrissenheit der damaligen Gesellschaft zwischen Traditionalismus und Moderne wider.

Die ältesten Werke der Galerie finden sich schließlich im vierten Stockwerk, welches sich dem Thema **Jahrhundertwende** widmet und die damals noch im österreichisch-ungarischen Kaiserreich entstandenen Blüten slowakischer Kunst präsentiert.

❯ Nedbalkova 17, Tel. 00421 2 54410287, www.nedbalka.sk/de, geöffnet: Di.–So. 13–19 Uhr, Eintritt: 4 €, ermäßigt 3 €, Sonderausstellungen 1 €. Seit Anfang 2017 kann man den Museumsbesuch durch spezielle Tablets virtuell ergänzen.

⑬ Franziskanerkirche (Františkánsky kostol) ★ [D5]

Die von außen eher unscheinbare Kirche ist das **älteste erhaltene Gotteshaus Bratislavas** und wurde bereits kurz nach der Gründung der Stadt im Jahre 1297 in Gegenwart des ungarischen Königs Andreas III. geweiht. Vom ursprünglich frühgotischen Kirchenbau hat sich das Presbyterium erhalten. An die Kirche angeschlossen ist das ehemalige Franziskanerkloster.

Wo sich Komponisten die Klinke in die Hand gaben: Pressburg als Musikmagnet

Mozart, Beethoven und Strauss: drei klingende Namen, die jeder mit der Donaumetropole Wien in Verbindung bringt. Doch gaben sie und viele weitere Berühmtheiten des 18., 19. und 20. Jahrhunderts sich auch in Pressburg die Klinke förmlich in die Hand. Auch in der kleinen Schwesterstadt Wiens erblühten Kunst und Kultur wie kaum anderswo in Mitteleuropa. Insbesondere hochkarätige Komponisten fühlten sich von Pressburg magisch angezogen.

*Der junge **Wolfgang Amadeus Mozart** (1756-1791) entzückte bereits als Sechsjähriger im Jahr 1762 während mehrerer Konzerte die feine Gesellschaft der Barockpalais. Auch einem gebürtigen Sohn der Stadt ermöglichte das Genie zwischen 1786 und 1788 als Musiklehrer den späteren Durchbruch: **Johann Nepomuk Hummel** (1778-1807), der sich als einer der bedeutendsten Komponisten und Pianisten des frühen 19. Jahrhunderts etablierte.*

*Hummels Freund **Ludwig van Beethoven** (1770-1827) stattete Pressburg 1796 als Gast des Musikers Heinrich Klein einen Besuch ab. Einen gewissen Eindruck dürfte auf ihn dabei die junge Musikschülerin **Babette Keglevich** (1778-1813) gemacht haben. Immerhin widmete er ihr eine Klaviersonate „zur Erinnerung an ihren Aufenthalt in Pressburg". Emotional nicht weniger bedeutsam für den Komponisten war die in Pressburg geborene **Theresa Braunswick** (1775-1861), Beethovens Muse und wichtige Vertraute.*

*Im Jahre 1888 - als der große Beethoven bereits tot war - erwies mit **Johannes Brahms** (1833-1897) anlässlich der Aufführung seiner Kantate „Rinaldo" ein weiterer unsterblicher deutscher Komponist der Stadt die Ehre.*

*Ein heute etwas in Vergessenheit geratener Komponist und Schriftsteller war **Friedrich August Kanne** (1778-1833), der als Dirigent am Pressburger Ständetheater fungierte und die Burg Devín ❸❾ mit seiner Oper „Das Schloss Theben an der Donau" auch musikalisch bekannt machte.*

*Ein namhaftes Musikgenie ungarischer Abstammung verschlug es immer wieder nach Pressburg: **Franz Liszt** (1811-1886) trat bereits als Neunjähriger im Palais des Grafen Eszterházy auf; auch als Erwachsener war er regelmäßig in der Donaustadt zu Gast und pflegte dort persönliche Freundschaften.*

Das Kirchenschiff musste nach einem Erdbeben im 17. Jahrhundert neu gebaut werden und wurde im 18. Jahrhundert barockisiert. Beachtenswert sind die **Rokoko-Kanzel** und die **Loreto-Kapelle** aus dem 18. Jahrhundert. Ein weiteres Erdbeben im Jahr 1897 führte schließlich dazu, dass man den gotischen Kirchturm abtragen musste. Die Kirchturmspitze findet man in der Parkanlage **Sad Janka Kráľa** ❷❹ im Stadtteil Petržalka.

Der vielleicht schönste Kirchenraum der Stadt verbirgt sich hinter einer Tür an der Nordseite der Kirche: Die **Kapelle des Heiligen Johannes des Täufers** ist ein in der Slowakei seltenes Beispiel gotischer Architek-

Wiens berühmter Walzerkönig Johann Strauss (1822-1899) war ebenfalls ein gern gesehener Gast in den Pressburger Adelspalais, genau wie sein deutscher Namensvetter Richard Strauss (1864-1950), der als Dirigent mehrmals im Nationaltheater seine Opernwerke aufführte. Noch viele weitere bekannte Vertreter gaben sich in Pressburgs Konzertsälen ein Stelldichein: unter ihnen der berühmte Operettenkomponist Franz von Suppé (1819-1895), Anton Rubinstein (1829-1894), weltweit gefeierter Magier am Piano, und der italienische Komponist und Dirigent Pietro Mascagni (1863-1945), der als Dirigent mehrerer Verdi-Opern in die Musikgeschichte Bratislavas eingegangen ist.

Ein besonderes Verdienst um die Erhaltung slowakischer und ungarischer Volksmusik erwarb sich der Komponist Béla Bartók (1881-1945), der in Pressburg das ehemalige Jesuitengymnasium im Klarissenkloster ❸ besuchte.

Mit dem Einzug der Diktaturen des 20. Jahrhunderts ging auch das Ende des goldenen Zeitalters der Musikstadt Bratislava einher. Mittlerweile besinnt man sich jedoch wieder auf das musikalische Erbe der Stadt und zieht wieder Klassikliebhaber aus ganz Mitteleuropa an.

tur in Perfektion. Das Gewölbe des lichtdurchfluteten Raums besticht durch seine harmonische Eleganz.

Erbaut wurde sie im 14. Jahrhundert als Grabkapelle nach dem Vorbild der Sainte Chapelle, der Pariser Begräbniskapelle für die französischen Könige – vermutlich im Auftrag des Pressburger Adelsgeschlechts

der Rozgonyi; angekauft und vollendet wurde sie durch den Pressburger Stadtrichter (Gemeindevorsteher) Jakob, zu dessen Besitz im Mittelalter auch der Teil des **Alten Rathauses** ❿ mit dem Wehrturm gehörte. Im Kreuzgang des Klosters haben sich etliche Epitaphe und Barockplastiken erhalten.

Leider sind sowohl Kapelle als auch Kirchenraum verschlossen. Lediglich durch ein Gitter kann man einen Blick Richtung Altar erhaschen. Das Äußere der gotischen Seitenkapelle kann man zumindest von der Gasse Františkánská aus besichtigen. Über diese Gasse gelangt man auch zum kleinen Franziskanergarten (Františkánská zahrada) und zur ebenfalls meist verschlossenen **Ursulinenkirche** [D5] aus dem 17. Jahrhundert, in der eine Loreto-Madonna verehrt wird.

› Františkánska 2

⓮ Palais Mirbach (Galerie der Stadt Bratislava) ★★ [D5]

Das Palais Mirbach (Mirbachov palác) entstand in seiner heute sichtbaren Form im Stil des **Rokoko** zwischen 1768 und 1770 für den reichen Pressburger Bierbrauer Michael Spech. Bereits kurz nach der Fertigstellung verkaufte der Braumeister das Palais, in der Folge durften etliche Adelige das Prestigeobjekt ihr Eigen nennen. Letzter Eigentümer war ein gewisser **Graf Emil Mirbach**, nach dem das Palais benannt ist. 1945 wurde er von den in Bratislava einrückenden Truppen der Roten Armee erschossen, das Gebäude wurde enteignet und ging in den Besitz der Stadt über.

Seit 1975 beherbergt das Palais einen Teil der Schätze der Städtischen

Galerie. Der andere Teil befindet sich im Palais Pálffy ❼. Neben dem reich verzierten Eingangsportal verdient der Springbrunnen im Innenhof Beachtung, der das mythologische Motiv „Triton und Nymphe" darstellt – eine Meereskreatur, die eine Frau auf den Schultern trägt.

Seit Herbst 2016 erstrahlt das Palais Mirbach in neuem Glanz – insbesondere der schmiedeeiserne Balkon mit goldenen Zierelementen und dem gekrönten Wappen auf dem Dachgiebel. Vorausgegangen waren umfangreiche Restaurierungsmaßnahmen. Um an besonders schwer zugängliche Stellen heranzukommen, wurde zum Teil auch Bergsteigerausrüstung eingesetzt. Die Kosten für die Renovierung betrugen circa 347.000 Euro, die von der Regierung im Rahmen der slowakischen EU-Ratspräsidentschaft aufgewendet worden sind. Kernstück der **Ausstellung im Innern** ist die **mitteleuropäische Barockmalerei und Bildhauerkunst** im ersten Stockwerk. Eine Besonderheit stellen hierbei zwei kassettenartig vertäfelte Kabinette dar. Sie beinhalten insgesamt 290 kolorierte Kupferstiche aus dem 18. Jahrhundert mit biblischen und mythologischen Themen. Etliche erotische Motive lassen die bacchantische Lebensfreude des Spätbarock erkennen. Ebenfalls im ersten Stockwerk finden sich Ölgemälde und bemerkenswerte Skulpturen barocker Bildhauer wie Franz Xaver Messerschmidt (siehe rechts) oder Karl Georg Merville.

❯ Františkánske nám. 11, Tel. 00421 2 54655454, www.gmb.sk, geöffnet: Di.–Sa. 11–18 Uhr, Eintritt: 3,50 € (ermäßigt 2 €)

⌂ *Kolorierter Barock-Kupferstich in der Galerie des Palais Mirbach* ⓮

Schräger Bayer in Bratislava: Franz Xaver Messerschmidt

Eines vorweg: Wer noch nie mit den Werken des Künstlers Franz Xaver Messerschmidt in Berührung gekommen ist und zum ersten Mal seine berühmtesten Skulpturen, die Charakterköpfe, sieht, dürfte ihn durchaus zu den noch lebenden Künstlern zählen, mindestens jedoch zu jenen des 20. Jahrhunderts - eine so zeitlose Modernität strahlen sie aus.

Auch der Autor dieses Buches war zugegebenermaßen überrascht von den Lebensdaten des Künstlers, der 1736 das Licht der Welt erblickte und 1783 verstarb - also in der Phase des ausgehenden Barocks. Und doch haben seine Skulpturen sehr wenig gemein mit den Standardbüsten seiner Epoche.

Geboren wurde er im damals bayerischen Wiesensteig bei Göppingen und gelangte über seinen berühmten Onkel Johann Baptist Straub zunächst nach München und über Graz schließlich 1855 an die Akademie der bildenden Künste in Wien. Schnell gewann er die Gunst von Kaiserin Maria Theresia und wurde am Habsburger Hof zu einem gefragten Bildhauer. Unter anderem schuf er eine lebensgroße Skulptur des österreichischen Kaiserpaares, welches sich wie viele andere Werke in der Galerie des Wiener Schlosses Belvedere befindet.

Die letzten sieben Jahre seines Lebens verbrachte Franz Xaver Messerschmidt in Pressburg. Zunächst wohnte und arbeitete er dort bei seinem wohlhabenden Bruder; später hatte er ein eigenes Atelier unterhalb der Burg ⑳. Seine Grabstätte ist unbekannt - damit teilt er das Schicksal seines berühmten Zeitgenossen Wolfgang Amadeus Mozart.

Insbesondere die bereits erwähnten Charakterköpfe schuf er dort; sie provozieren durch ihre skurrile Originalität, insbesondere durch ihre drastischen Grimassen. Bis heute faszinieren und verstören die kunstvollen Fratzen zugleich und Kunsthistoriker zerbrechen sich den Kopf über Sinn und Botschaft, die der Künstler mit ihnen vermitteln wollte. Größtenteils handelte es sich dabei um Eigenstudien des Künstlers, die vor dem Spiegel entstanden. Angeblich soll der Bildhauer bei der Erforschung menschlicher Affekte nicht zimperlich gewesen sein: So ist unter anderem überliefert, dass er nichtsahnende Passanten auf der Straße mit der Pistole bedrohte, um das Entsetzen in ihren Gesichtern zu studieren.

Heute sind die Werke Messerschmidts in Galerien auf der ganzen Welt verstreut; 2005 erzielte eine Skulptur bei einer Versteigerung den sensationellen Preis von 3,6 Millionen Euro. Obwohl in Bratislava einige der bedeutendsten Werke entstanden sind, findet man in den Museen Bratislavas leider nur wenige Originalexponate. In der städtischen Galerie im Palais Mirbach ⑭ ist die Büste eines Kapuziners (um 1780) zu bewundern.

Ein nach Messerschmidt benanntes Café am SNP-Platz ⑮ erinnert an den berühmten Wahl-Pressburger (s. S. 90). Hier beobachten einen bei Kaffee und Kuchen einige Abgüsse der berühmten Charakterköpfe.

⓯ Platz des Slowakischen Nationalaufstands (Námestie SNP) ★ [E4]

Der SNP-Platz – so die gebräuchliche Kurzform – gehört wie der sich anschließende **Komitatsplatz** (Župné námestie) [C/D4] eigentlich nicht mehr zur Altstadt, dockt aber direkt an diese an. Er ist nicht nur einer der größten Plätze der Stadt, sondern auch ein pulsierender, großstädtischer Ort.

SNP steht für den **Slovenského národného povstania** (Slowakischer Nationalaufstand), der 1944 gegen die deutschen Besatzer stattfand. An diesen erinnert die monumentale **Figurengruppe** im Zentrum des Platzes. Allzu lange aufhalten muss man sich hier nicht, da das Denkmal gerne von Subkulturen belagert wird, die dem Alkohol zugeneigt sind.

Auch zwei Kirchen prägen das Antlitz des Platzes: die neoromanische **Calvinistenkirche** (Kalvínsky kostol) und die barocke **Kirche Maria Heimsuchung** (Kostol navštívenia Panny Márie) aus dem 17. Jahrhundert.

Auffällig sind die großen Hochhäuser im östlichen Bereich des Platzes, teils mit riesigen Reklamewänden, unter ihnen mit dem **Manderla-Haus** (Námestie SNP 23) auch der „Ur-Wolkenkratzer" Bratislavas aus dem Jahre 1935. Benannt ist er nach seinem ersten Besitzer, dem Fleisch-Großhändler Rudolf Manderla. Einst beherbergte er im ersten Stock das traditionsreiche Grand Café.

Eines der markantesten Bauwerke auf der Altstadtseite ist die neobarocke **Markthalle** (Stará Tržnica) (s. S. 95). Diese sollte man nicht nur von außen würdigen, sondern unbedingt auch hineinschauen. Im Erdgeschoss werden neben Obst und Gemüse regionale Spezialitäten wie Honig oder Wein angeboten. Auf der Galerie finden jeden Samstag wechselnde Flohmärkte statt, von Büchern über Kleidung bis hin zu Antiquitäten. Neben ihren Einkäufen nehmen sich die Bratislavaer gerne etwas Zeit für einen kleinen Plausch. Hier herrscht ein sympathisch-geschäftiges Treiben und man spürt die Seele der Stadt.

Auch in das Gebäude der benachbarten **Hauptpost** lohnt ein kurzer Abstecher: In der Schalterhalle haben sich bunte Jugendstil-Verglasungen erhalten.

❭ Straßenbahn 1, 7, 8, 9 Námestie SNP

⓰ Trinitarierkirche (Kostol trinitárov) ★ [D4]

Der **Komitatsplatz** (Župné námestie) ist der Altstadt vorgelagert und hat sich seit seiner Neugestaltung zu einem hübschen, verkehrsberuhigten Gesamtensemble gemausert. Trotz der Nähe zur Stadtautobahn herrscht durch die Verkehrsberuhigung eine entspannte Urbanität. Lediglich Straßenbahnen ziehen hier unterhalb des Burgberges ihrer Wege. Beherrscht wird der Platz sowie der sich östlich anschließende Hurbanovo námestie von zwei sehenswerten Kirchen, der Trinitarierkirche (Kostol trinitárov – oft auch als Dreifaltigkeitskirche bezeichnet) und der Kapuzinerkirche ⓱. Wenn man sich vom SNP-Platz ⓯ aus Richtung Westen orientiert, ist das ockerfarbene Gotteshaus nicht zu übersehen.

Die mächtige **Fassade** hat eine nach innen gekrümmte Form; auffällig sind die unvollendeten Türme, die auf Höhe des Giebels abschließen. Die Kathedrale entstand zwischen 1717 und 1727 an der Stelle eines zuvor von den Türken zerstörten Gotteshauses. Das oval gestaltete Kircheninnere ist ein prächtiges Beispiel der Pressburger Barockkunst. Wien-Kenner dürfte der Raum sofort an die Peterskirche in der Inneren Stadt erinnern und tatsächlich stand die berühmte Barockkirche Pate für diesen Bau.

Das **Kuppelfresko** stammt vom italienischen Künstler Antonio Galli Bibiena und weist Elemente der typisch barocken Illusionsmalerei mit vorgetäuschter Dreidimensionalität auf.

› Straßenbahn 5, 9 Kapucínska
  oder Bus 93 Zochova

⑰ Kapuzinerkirche (Kostol kapucínov) ★ [C4]

Zwar fand die Grundsteinlegung der Klosterkirche für die neu in Pressburg angekommenen Kapuzinermönche bereits 1708 statt; bis die Kirche in ihrer heutigen Form fertiggestellt werden konnte, gingen jedoch noch einige Jahre ins Land. Finanzielle Unterstützung erhielten die Ordensleute von der **Gräfin Eleonore Theresia de Stattmann und Payerbach**, an die bis heute eine deutschsprachige Gedenktafel im Chorbereich erinnert. Der schlammige Boden machte eine grundlegende Sanierung notwendig und so fand die Weihe der barocken Altäre erst im Jahre 1737 statt. Von kunstgeschichtlicher Bedeutung sind insbesondere die Altargemälde.

Der **Hauptaltar** aus dem Jahre 1737 ist wie die Kirche selbst dem **Heiligen Stephan von Ungarn** geweiht. Der magyarische Monarch lebte von 969 bis 1038 und sorgte für eine Verbreitung des Christentums unter seinen bis dahin heidnischen Untertanen. In der ungarischen Krönungsstadt genoss der Heilige besondere Verehrung. Das Altargemälde zeigt, wie Stephan zusammen mit seinem Sohn Imrich das ungarische Königtum in Form der Krone

der Gottesmutter Maria anvertraut. Im Hintergrund erkennt man die Burg ⑳. Den Heiligen Stephan findet man übrigens auch als Statue an der Außenfassade in der Nische über dem Portal.

Links vom Altar befindet sich der Gebetsaltar zu Ehren von Franz von Assisi, der älteste der Kirche, rechts der Altar zu Ehren des Heiligen Antonius von Padua. Auch zwei süddeutsche Heilige fanden ihren Weg in die Pressburger Kapuzinerkirche: Ein Altar erinnert an den Kapuziner-Märtyrer Fidelis von Sigmaringen; eine Kapelle entstand zu Ehren des Heiligen Konrad von Parzham.

In einer weiteren **Kapelle** wird die **Jungfrau Maria** verehrt; bei dem Marienbild handelt es sich um eine Kopie der berühmten Vorlage des Maria-Hilf-Bildes aus dem Innsbrucker Dom. Beachtenswert ist auch der kunstvoll verzierte Altar des Heiligen Kreuzes. Unter dem Kreuz steht eine moderne Skulptur mit der Darstellung eines segnenden Kindes vor einer knienden Frau. Seltsam wirkende Besonderheit: die Kanzel, aus der sich ein hölzerner Arm mit Kruzifix in der Hand streckt.

Vor der Kirche erinnert die **Mariensäule** aus dem Jahre 1723 an die Schrecken der Pest zwischen 1712 und 1713, der viele Bewohner der Stadt zum Opfer fielen. Die Überlebenden sahen im Ende der Epidemie den Beistand der Muttergottes.

Wenn man vom Župné námestie aus die Kapucínska-Straße entlang Richtung Burgberg geht, kommt man nach circa 50 Metern zu einer **Brücke**, welche die Stadtautobahn überquert. Von dieser hat man einen schönen Blick auf die Burganlage ⑳, die Altstadtmauer, den Martinsdom ❹ und das UFO auf der SNP-Brücke ㉓.

› Straßenbahn 5, 9 Kapucínska
  oder Bus 93 Zochova

Der Burgkomplex

Bis vor einigen Jahrzehnten bildeten die Altstadt und der Stadtteil unterhalb der Burg eine Einheit – offiziell heißen beide Teile bis heute Altstadt (Staré Mesto). Mit dem Bau der Stadtautobahn in den 1960er-Jahren wurde der Burgberg jedoch unsanft von der restlichen Altstadt getrennt. Kaum einen Touristen kann die Verkehrsschneise jedoch davon abhalten, sich auf den Weg hinauf zum Wahrzeichen der Slowakei zu machen – zu groß ist die Anziehungskraft der viereckigen Burg ❷⓿ mit ihren charakteristischen Türmen.

Auf diesem Weg über den sogenannten Schlossgrund ❶⓼ gibt es etliche idyllische Ecken zu entdecken. Oben angekommen entschädigt ein herrlicher Blick über die Donau für den im Sommer etwas schweißtreibenden Aufstieg. Wer den Weg westlich der Burg Richtung Donau wählt (s. S. 47), kommt zu einem faszinierenden jüdischen Kultplatz: der Chatam-Sofer-Gedenkstätte ❷❷.

KLEINE PAUSE

Das urige Lokal Modra Hviezda
Das Restaurant (s. S. 87) heißt übersetzt „Zum blauen Stern" und ist das älteste Gasthaus in Bratislava. Hinter dem Gastraum bei der Schank befinden sich weitere Räumlichkeiten im Felsengewölbe. Alles ist recht urig eingerichtet. Das Essen ist zwar nicht so günstig wie anderswo, schmeckt aber sehr gut. Im Sommer gibt es eine kleine Terrasse im Freien.

▷ *Hübsche Hexe: Bronzefigur der Sagengestalt Bosorka oberhalb der kleinen Nikolauskirche*

❶⓼ Schlossgrund – Zuckermantel (Podhradie) ★★ [C6]

Schlossgrund beziehungsweise Zuckermantel nannte sich im alten Pressburg jener Stadtteil, der sich unterhalb der Burg erstreckte. Noch bis ins Jahr 1851 bildete er eine unabhängige Gemeinde. Eigentlich war das Areal historisch gesehen in unterschiedliche Einheiten geteilt: den eigentlichen Zuckermantel zwischen Burg und Donau, zu dem auch das Fischerdorf Weidritz gehörte, den Schlossberg beziehungsweise die Nikolaus-Siedlung zwischen Burg und Altstadt und das sogenannte Hausbergl, das von der Burg aus gen Westen hin abfiel.

Ab Mitte des 19. Jahrhunderts hieß das gesamte Gebiet zwischenzeitlich **Theresienstadt** – benannt nach der österreichischen Kaiserin Maria Theresia. Zwar zählt der Schlossgrund – slowakisch Podhradie – heute offiziell zur Altstadt (Staré Mesto), inoffiziell sieht man den Schlossgrund aber bis heute als kleine, unabhängige Schwester der Altstadt, gleichwohl die Übergänge bis in die 1960er-Jahre fließend waren.

Die heute sichtbare Trennung zwischen Burgberg und Martinsdom ❹ resultierte aus einem einzigartig **brutalen Städtebauprojekt**: dem Bau der **SNP-Brücke** ❷❸ über die Donau und der Stadtautobahn, die das alte Bratislava seit den 1970er-Jahren in Form einer Schneise zerrissen hat. Architektonische Kleinode aus über 500 Jahren Pressburger Geschichte wurden dem Erdboden gleichgemacht. Einige Gebäude haben den radikalen Einschnitt überlebt, etwa das **Haus zum Guten Hirten** ❶⓽, welches bis heute vor den damaligen Baggern zu zittern scheint. Andere sind längst Geschichte, etwa fast alle Häuser der alten Judengasse sowie die Alte Synagoge.

Auch der **Alte Jüdische Friedhof** im Bereich der Chatam-Sofer-Gedenkstätte ㉒ an der Donau, der einst über 6000 Grabsteine zählte, ist fast vollständig verschwunden – zumindest ein Großteil der Gräber konnte auf den Neuen Jüdischen Friedhof verlegt werden. In diesem Fall war allerdings kein sozialistisches Bauprojekt schuld, sondern bereits 1943 ein Tunnelbau durch den Burgfelsen und der Bau einer Ausfallstraße Richtung Westen.

Zumindest in den Gassen direkt unterhalb der Burg – insbesondere in der steilen Treppengasse Zámocké Schody, in der kopfsteingepflasterten Beblavého und der Mikulášska [C5] – hat sich der Charme und die Idylle des Stadtteils bis heute erhalten. Letztere führt, links über einige Stufen, zur kleinen **Nikolauskirche.** Das renovierungsbedürftige kleine Gotteshaus scheint sich in einer Art Dornröschenschlaf zu befinden. Errichten ließ den frühbarocken Bau im Jahr 1664 die Witwe des ungarischen Palatins Paul Pálffy (s. S. 24). Leider kann man

das abgesperrte Kircheninnere nicht besichtigen, doch auch die Außenmauern umweht der Hauch vergangener Zeiten. Zudem genießt man einen schönen Blick über die Dächer der Altstadt – ein wahrlich romantischer Ort!

Vom Zauber des Ortes hat sich vermutlich auch der Bildhauer Tibor Bártfay beeinflussen lassen, der auf der kleinen Ebene oberhalb der Kirche die Skulptur der **Bosorka** angefertigt hat. Die slowakische Sagengestalt ist in Form einer jungen Hexe mit ausgebreitetem Haar, langen Beinen und in Begleitung von Raben dargestellt. Der omnipräsente Künstler begegnet einem in Form seiner Werke in Bratislava auf Schritt und Tritt. Er gestaltete unter anderem auch die Brunnen im Garten und vor dem Palais Grassalkovich ㉛ sowie das Denkmal für Hans Christian Andersen (s. S. 21) auf der Promenade ❻.

- **7** [C5] **Nikolauskirche (Chrám svätého Nikolaja),** Mikulášska 13
- **8** [C5] **Bosorka,** nur wenige Meter von der Nikolauskirche entfernt, einfach die Treppe hinauf zum nächsten Plateau gehen

⓳ Haus zum Guten Hirten (Dom U dobrého pastiera) ★ [C5]

Direkt neben der Stadtautobahn steht am Fuße des Burgberges am Beginn der Židovská ulica (Judengasse) mit dem Haus zum Guten Hirten eines der am häufigsten fotografierten Gebäude der Stadt. Es gibt kaum einen Touristen, der nicht vom pittoresken Charme der schmalen Fassade beeindruckt ist. Vermutlich fasziniert das Haus gerade wegen seines Kontrasts zu den städtebaulichen Beton-Sünden der sozialistischen Ära. Trotz seiner Fragilität hat es den architektonischen Stürmen der Jahrhunderte getrotzt.

Entworfen wurde das zwischen 1760 und 1765 erbaute **Rokoko-Häuschen** von Matthäus Hollrigl, der für das Palais Mirbach ⓮ verantwortlich zeichnete. Das besondere Gebäude beherbergt auch eine besondere Einrichtung: das **Uhrenmuseum.** Es präsentiert eine Sammlung von Sonnenuhren aus dem 17. und 18. Jahrhundert, kunstvoll gearbeitete Wanduhren, Wecker, Taschenuhren und einige Armbanduhren. Die meisten Ausstellungsstücke stammen von Meistern aus Pressburg.

❯ Židovská 3, Tel. 00421 2 54411940, www.muzeum.bratislava.sk, geöffnet: Di.–Fr. 10–17, Sa./So. 11–18 Uhr, Eintritt: 2,30 €, ermäßigt 1,50 €, Familien 4,60 €

⓴ Burg Bratislava (Bratislavský hrad) ★★★ [C5]

85 Meter über der Donau thront Bratislavas unumstrittenes Wahrzeichen: die weithin sichtbare viereckige Burg mit ihren charakteristischen Türmen. Gleichzeitig ist sie das berühmteste Gebäude der gesamten Slowakei. Besiedelt war der Burghügel bereits von den Römern und danach in der großmährischen Periode während des frühen Mittelalters. Die erste bekannte urkundliche Erwähnung erfolgte im Jahr 907. Zur Blüte entwickelte sie sich als Krönungsstätte des Ungarischen Reichs. Hier wurden auch die ungarischen Krönungsjuwelen aufbewahrt.

Bereits der Weg vom Martins-dom ❹ hinauf zur Burg durch die kleinen kopfsteingepflasterten Gassen besticht mit seinen pittoresken Häusern. Auf dem steil zur Donau abfallenden Ausläufer der Kleinen Karpaten thront Pressburgs stolze Feste, in die man durch mehrere Tore gelangt. Der übliche Weg führt vom Haus zum Guten Hirten ❿ über die Beblavého zum Sigismundtor aus dem 15. Jahrhundert, durch welches man den Burgkomplex betritt.

Auf dem Burgplateau angekommen, genießt man im Rahmen einer Verschnaufpause die **herrliche Aussicht** auf die Donauebene, den modernen Plattenbau-Stadtteil **Petržalka** und über die Dächer der Altstadt. In der Parkanlage findet man einen Spielplatz und ein **Denkmal für die Heilige Elisabeth von Ungarn** (in Deutschland besser bekannt als Elisabeth von Thüringen).

Alle möglichen Völker haben an diesem Ort oberhalb der für Europa so bedeutenden Handelsroute ihre Spuren hinterlassen: Kelten, Römer, Slawen, Germanen und viele andere.

Dass der Burgberg Bratislavas seit Urzeiten besiedelt war, beweist ein spektakulärer archäologischer Fund: eine über 20.000 Jahre alte, steinzeitliche Frauenstatue aus Mammut-Elfenbein. Genau wie die berühmte „Venus von Willendorf" aus der Wachau bestätigt die Figur einmal mehr, dass die Donau schon in frühgeschichtlicher Zeit die vielleicht wichtigste Lebensader des Kontinents darstellte.

◁ *Der Blick vom besteigbaren Kronturm reicht über die Burg* ⑳ *und die Dächer der Stadt bis zum Fernsehturm Kamzík* ㊱

907 wurde die Burg in den Salzburger Annalen erwähnt. Zur frühmittelalterlichen Anlage gehörte eine dreischiffige Basilika aus der Zeit des Großmährischen Reiches. Ihre Fundamente sind bis heute in der östlich der Burg gelegenen Grünanlage zu sehen.

Aus der Zeit des Hochmittelalters stammt ein mächtiger romanischer Wohnturm aus dem 13. Jahrhundert, welcher in die vierflügelige Anlage integriert worden ist. Er befindet sich im Südwesten der Burg und wurde einige Jahrhunderte später vom Wohnturm zum **Kronturm**, da er zwischen 1552 und 1783 die ungarischen Kronjuwelen beherbergte. Danach brachte man sie nach Wien.

Ihre heutige unverwechselbare Form, die auch die slowakischen Münzen zu 10, 20 und 50 Cent ziert, erhielt sie im 16. und 17. Jahrhundert. Unter dem ungarischen Palatin Paul Pálffy fand ein grundlegender Umbau statt: Neben einem komplett neuen Westflügel erhielt der Südflügel einen Hoftrakt mit Arkadengang im Erdgeschoss. Außerdem wurde die gesamte Burg um ein Stockwerk erhöht und erhielt die vier bis heute charakteristischen Türme. Die stets spöttische Bevölkerung der großen Nachbarstadt Wien bezeichnete die Burg gerne als „umdrahte Bettstatt" (umgedrehtes Bett), da sie sie an einen viereckigen Kasten mit nach oben stehenden Beinen erinnerte. Vielleicht spielte aber auch ein wenig der Neid eine Rolle, da die Wiener Altstadt sich nicht mit einer Burg wie jener von Bratislava brüsten kann.

Die letzten umfassenden Veränderungen des Burgkomplexes fanden unter der Regentschaft Maria Theresias statt: Während der Hauptzweck der Anlage über Jahrhunderte in der

020-bl-se

Verteidigung bestand, veränderte er sich in dieser Phase hin zum feudalen Wohn- und Repräsentationsbau – verbunden mit all den spätbarocken Annehmlichkeiten, die der Adel so schätzte. Wichtige bauliche Zeugnisse sind der Ehrenhof auf der Südseite und das sogenannte **Theresianum**, welches als Wohnstätte von Maria Theresias Tochter Marie Christine und ihrem Gemahl, Herzog Albert von Sachsen-Teschen, diente (s. S. 76). Während der Statthalterschaft des kunstsinnigen Ehepaares befand sich in der Burg eine wertvolle Grafik- und Gemäldesammlung, die nach deren Weggang schließlich nach Wien gebracht wurde und dort bis heute in der berühmten und nach dem Herzog benannten Albertina besichtigt werden kann. Aus der Epoche Maria Theresias und ihrer Verwandtschaft stammt auch der **Barockgarten** hinter der Burg.

Ein vorläufig jähes Ende kam infolge eines verheerenden Brandes am 28. Mai 1811 über die Burg, woraufhin die Ruine in einen fast 150-jährigen Dornröschenschlaf verfiel. Ausgelöst wurde die Katastrophe durch unachtsame Soldaten, die die Burg seit 1802 als Kaserne nutzten.

Erst nach dem Ende des Zweiten Weltkriegs – zwischen 1953 und 1968 – hat man das Wahrzeichen der Stadt wieder neu errichtet. Dieses Mammutprojekt schrieb sich die sozialistische Regierung stolz auf ihre Fahnen; tatsächlich konnte sie mit einem gewissen Recht für sich proklamieren, dass ihr die Wiederherstellung eines so bedeutenden slowakischen Kulturguts im Gegensatz zu kapitalistischen, feudalistischen und nationalistischen Systemen in den Jahrzehnten zuvor gelungen sei. Egal wie man zur sozialistischen Herrschaft im Ostblock stehen mag: Fakt ist, dass aus dieser Zeit nicht nur monströse Plattenbausiedlungen stammen, sondern eben auch die Wiedergeburt des alten Pressburger Wahrzeichens.

In den darauffolgenden Jahrzehnten schien das Interesse an dem Nationalbauwerk dann aber nicht übermäßig groß zu sein und so verdunkelte sich die Fassade durch Industrie- und Autoabgase nach und nach.

⌃ *Das aufwendig restaurierte Treppenhaus im Inneren der Burg*

Nach dem Fall des Eisernen Vorhangs und der neu gewonnenen slowakischen Unabhängigkeit war es natürlich an der Zeit, das Wahrzeichen wieder aufleben zu lassen: Am 3. September 1992 wurde im Rittersaal (dem heutigen Verfassungssaal) die Slowakische Verfassung unterzeichnet. Nach den 2008 begonnenen Renovierungsarbeiten präsentiert sich die Burg den Touristenströmen wahrlich in neuem Glanz, nämlich in gleißend hellem Weiß. Auf dem Vorplatz reckt seit einigen Jahren der legendäre **König Svatopluk I.** sein Schwert in die Höhe. Das **Reiterstandbild** erinnert an einen großmährischen Herrscher aus dem 9. Jh. und wurde bei seiner Enthüllung 2010 aufgrund nationalistischer Symbolik kritisch betrachtet.

In der Burg kann das **Historische Museum** besichtigt werden, das einen geschichtlichen Bogen vom Mittelalter in die Gegenwart spannt. Auf insgesamt drei Stockwerken sind etliche Dauer- und Sonderausstellungen untergebracht – unter ihnen eine Gemäldegalerie, die hauptsächlich Porträts bedeutender Persönlichkeiten von der Zeit des Barock bis ins 19. Jahrhundert präsentiert.

Den ursprünglich romanischen **Kronturm** kann man mit dem Museumsticket ebenfalls besteigen. Hier wird man mit einer prächtigen Aussicht in alle vier Himmelsrichtungen belohnt.

❯ Zámocká 2, Tel. 00421 2 54411444, www.bratislava-hrad.sk, Museum Di.– So. 10–18 Uhr, Eintritt: 7 €, ermäßigt 4 €, Familien 10 € (für einen Erwachsenen und zwei Kinder) bzw. 17 € (für zwei Erwachsene und bis zu drei Kinder). Das Ticketgebäude befindet sich rechts vor dem Eingang zum Innenhof. Die Außenbesichtigung der Burganlage mit den Grünflächen ist kostenlos.

㉑ Museum der Kultur der Karpatendeutschen (Múzeum kultúry karpatských Nemcov) ★★ [B6]

Während die Bewohner Bratislavas heute fast ausschließlich slowakischen Ursprungs sind, bildete das alte Pressburg vor dem Ersten Weltkrieg ein buntes Vielvölkergemisch aus Ungarn, Deutschen, Juden, Slowaken und anderen Ethnien. Die **Deutschen** bildeten dabei seit dem Mittelalter die **Bevölkerungsmehrheit** und prägten Pressburg und das Umland in kultureller Hinsicht sehr stark.

Das kulturelle Erbe der Karpatendeutschen wurde bereits nach dem Ersten Weltkrieg in der neu entstandenen Tschechoslowakei in den Hintergrund gerückt; in der Zeit des Kommunismus wurde es fast vollständig ignoriert beziehungsweise unterdrückt – ebenso wie die ungarische und jüdische Geschichte in der Region.

Erst in den vergangenen Jahrzehnten besann man sich wieder des deutschen Erbes und brachte ihm eine gewisse Anerkennung entgegen. Darum, dass diese Erinnerung am Leben erhalten wird, kümmert sich seit 1997 – als Ableger des Slowakischen Nationalmuseums – das **Museum der Kultur der Karpatendeutschen**, welches sich in direkter Nachbarschaft zum Archäologischen Museum (s. S. 80) befindet.

Historische Ansichten und Exponate bilden den **volkskundlichen Schwerpunkt** des Museums. Zu sehen sind Möbel, Trachten, Alltagsgegenstände, historisches Spielzeug, religiöse Volkskunst, Musikinstrumente, deutschsprachige Zeitungen, Fotos und Informationstafeln. Sogar

Exponate zum Anfassen für Blinde bietet dieses sympathische kleine Museum.

Doch nicht nur wegen des Museums lohnt sich ein kleiner Abstecher in die **Žižkova-Gasse** [A5–B6] unterhalb der Burg. Hier lag einst der Fischerort **Weidritz** (auch Wödritz genannt), ein Teil des historischen **Schlossgrunds/Zuckermantels** ⑱, nach dem auch die Gasse benannt ist. Einige historische Häuser, wie etwa jene der beiden Museen, ein hübsches Fischerhaus und die kleine Dreifaltigkeitskirche mit den Statuen des Heiligen Florian und des Heiligen Nepomuk auf der Donau zugewandten Seite haben überlebt.

Allerdings wirken sie etwas bedroht von den monströsen Neubauprojekten, die in dieser wertvollen Gegend wie am Fließband in die Höhe wachsen. Es bleibt zu hoffen, dass diese kleine idyllische Ecke des alten Pressburg von Baggern und Abrissbirnen verschont bleibt und sich das Bewusstsein für Denkmalschutz nicht ungezügeltem Bauboom und Immobilienspekulation beugen muss.

❯ Žižkova 14, Straßenbahn 4, 10, 12, 17 bis „Nový most" oder „Chatam Sofer", Tel. 00421 2 20491225, www.snm.sk, geöffnet: Di.–So. 10–16.30 Uhr, Eintritt: 3 €, ermäßigt 1,50 €

㉒ Chatam-Sofer-Gedenkstätte (Alter Jüdischer Friedhof) ★★ [A6]

Das Chatam Sofer Memorial ist eine der wichtigsten Kultstätten des orthodoxen Judentums in Mitteleuropa. Um die Bedeutung dieser geheimnisvollen Gedenkstätte, die sich unterhalb der Burg in der Nähe der Donau befindet, besser zu verstehen, muss man die Hintergründe über Rabbi Chatam Sofer und das Pressburger Judentum im 19. Jahrhundert kennen: Während sich viele Juden in Wien, Budapest und Prag großteils bürgerlich-aufgeklärt und reformatorisch entwickelten und sich im habsburgischen Kaiserreich nach und nach immer mehr assimilierten, galt Pressburg als Hochburg des orthodoxen Judentums.

Maßgeblichen Anteil an dieser Entwicklung hatte der **Rabbiner Chatam Sofer**. Geboren wurde er als **Mosche Schreiber** 1762 in Frankfurt am Main. Dort und im nahe gelegenen Mainz ließ er sich von bedeutenden Rabbinern in die Lehren der Thora einweisen. Nach Jahren der Wanderschaft verschlug es den Rabbiner schließlich 1806 nach Pressburg, wo er 33 Jahre lang wirken, eine Jeschiwa (Hochschule für die Studien der Thora und des Talmud) leiten und sich zum Vordenker der orthodoxen jüdischen Gemeinde entwickeln sollte. Das in Mode kommende Reformjudentum lehnte er strikt ab, stattdessen machte er Pressburg zu einer **Insel der jüdischen Orthodoxie**. Manche Zeitgenossen sahen in seiner Gemeinde sogar ein zweites Jerusalem an der Donau.

Nach seinem Tod 1839 wurde er auf dem **Alten Jüdischen Friedhof** begraben, welcher in den 1940er-Jahren an dieser Stelle dem Städtebau weichen musste. Wie durch ein Wunder konnte man die Grabstätte Chatam Sofers und weitere 22 Gräber – fast alle von Pressburger Rabbinern – vor Ort erhalten. Da durch die Baumaßnahmen das Bodenniveau um sechs Meter angehoben wurde,

▹ *In der Chatam-Sofer-Gedenkstätte befinden sich die Grabsteine bedeutender Pressburger Rabbiner*

Jüdische Entdeckungsreise: die letzten Zeugen einer blühenden Kultur

*Bereits im frühen Mittelalter ließen sich Juden in Pressburg nieder, die ältesten Quellen stammen aus dem 13. Jahrhundert. Ab dem Spätmittelalter entstand das jüdische Viertel unterhalb des Burgberges, der sogenannte **Schlossgrund** beziehungsweise Zuckermantel ⓮. Ab 1660 existierte bei der heutigen **Chatam-Sofer-Gedenkstätte** ㉒ der jüdische Friedhof. Anfang des 18. Jahrhunderts lebten etwa 50 jüdische Familien in dem Viertel. Insbesondere im 18. und 19. Jahrhundert wuchs die Gemeinde stark an und bildete ein wichtiges Zentrum des europäischen Judentums. Neben Ungarn, Slowaken und Deutschen bildeten Juden eine der Hauptsäulen der städtischen Bevölkerung. Gleichzeitig war es mit der Homogenität innerhalb der jüdischen Gemeinde spätestens seit dem Wirken des einflussreichen Rabbiners Chatam Sofer vorbei und es kam zu einem Auseinanderdriften in einen assimilierten, eher säkularen Flügel und eine orthodoxe Strömung, die in Pressburg besonders stark ausgeprägt war.*

*1895 entstand am Fischplatz (Rybné námestie) die große **Hauptsynagoge** der Stadt im orientalisch geprägten Stil. Anfang der 1920er-Jahre hatte Pressburg über 10.000 jüdische Bewohner. Mittlerweile waren sie nicht mehr nur im jüdischen Viertel unterhalb der Burg ansässig. Nach und nach entwickelte sich eine eigene Infrastruktur mit großem Gemeindezentrum inklusive Bibliothek, eigenem Krankenhaus, Altersheim und Waisenhaus. In dieser Zeit entstand auch ein gewisser Wohlstand - sehr viele*

Geschäfte hatten jüdische Eigentümer. Es gab jüdische Zeitungen und andere jüdische Einrichtungen.

Nach der Zerschlagung der Tschechoslowakei verschlechterten sich die Lebensbedingungen der Juden ab 1938 rapide. Neben Berufsverboten und der Übernahme jüdischer Geschäfte durch Nichtjuden kam es ab 1941 zur systematischen Vertreibung der jüdischen Bevölkerung aus der Stadt. Zwischen 1942 und 1944 wurde ein Großteil der noch verbliebenen Menschen in die polnischen Vernichtungslager deportiert. Nur die wenigsten Juden überlebten den Holocaust.

*Am Standort der alten Synagoge am Rybné námestie erinnert ein **Holocaust-Denkmal** an die slowakischen Juden, die von den Nationalsozialisten in die Konzentrations- und Vernichtungslager deportiert und ermordet wurden. Die Synagoge selbst überstand zwar die Zeit des slowakischen Nationalismus und der deutsche Besatzung, nicht aber die städtebaulichen Pläne der kommunistischen Machthaber und fiel in den 1960er-Jahren dem Bau der SNP-Brücke ㉓ und der mit ihr errichteten Stadtautobahn zum Opfer.*

021bl-se

Die zwischen 1923 und 1926 erbaute **Synagoge in der Haydukova-Straße** *nordöstlich der Altstadt bot einstmals der orthodoxen Strömung eine neue Heimstätte; sie fiel den autoritären Regimen nicht zum Opfer. Der im kubistischen Baustil vom Architekten Artur Szalatnai-Slatinsky entworfene Bau mit seiner aus sieben Säulen bestehenden Front ist heute das einzig erhaltene jüdische Gotteshaus Bratislavas. Im Obergeschoss informiert das* **Jüdische Gemeindemuseum** *über Geschichte und Kultur der Gemeinde. Daneben gibt es noch das* **Museum für jüdische Kultur** *in der Židovská ulica unterhalb der Burg, welches ebenfalls informative Einblicke in Geschichte und Gegenwart jüdischen Lebens in Bratislava gewährt. Nach Ende des Zweiten Weltkriegs kehrten einige Tausend Juden kurzzeitig nach Bratislava zurück; die meisten von ihnen wanderten jedoch in den neu gegründeten Staat Israel aus. Heute zählt die Gemeinde nur noch etwa 800 Mitglieder. Zu Ehren des schwedischen Diplomaten Raoul Wallenberg wurde 2004 am Fuße des Burgbergs (Zámocká) ein Denkmal aus Dankbarkeit dafür enthüllt, dass er in Budapest vielen Juden - darunter auch vielen slowakischen Juden - das Leben gerettet hatte.*

- ●9 *[C6]* **Holocaust-Denkmal**
- ❯ *Museum für jüdische Kultur (s. S. 80)*
- 🏛10 *[E4]* **Jüdisches Gemeindemuseum,** *Heydukova 11–13, Straßenbahn 1, 7, 9, 10, 13 bis „Námestie SNP", Tel. 00421 2 54416949, geöffnet: Ende Mai-Anfang Okt. Fr., So. 10–16 Uhr*

waren die Grabsteine seither in einer **unterirdischen Kammer** verborgen.

In der Nachkriegszeit erinnerten sich nur mehr wenige Bewohner Bratislavas an den unterirdischen Platz, der sich unter zwei Falltüren neben der viel befahrenen, staubigen Straße befand. Die jüdische Geschichte der Stadt hatte für die kommunistischen Machthaber keinen besonderen Stellenwert. Nur manchmal wunderte sich der eine oder andere Autofahrer über jene rätselhaften Besuchergruppen, die plötzlich im Untergrund verschwanden und nach einiger Zeit wieder auftauchten. Bei ihnen handelte und handelt es sich um Juden aus aller Welt, die sich bis heute der Tradition Chatam Sofers verbunden fühlen und dem Rabbi ihre Verehrung darbringen. Einer Legende nach war der unterirdische Verbleib der Rabbi-Gräber ein Glück für die Stadt Bratislava, welcher ansonsten Schlimmes widerfahren wäre – schließlich galt schon die Zerstörung eines Großteils des Friedhofs als Unglück, da Gräber im jüdischen Glaubensverständnis nicht beseitigt werden dürfen. Lediglich der Erhalt der bedeutenden Grabmale bescherte dem Friedhof eine gewisse Kontinuität.

Nach der Wende 1989 dauerte es noch etliche Jahre, bis der Platz auch oberirdisch neu gestaltet wurde – in enger Zusammenarbeit mit der jüdischen Gemeinde. 2002 wurde die vom Architekten Martin Kvasnica entworfene **Gedenkstätte** eröffnet; seither bildet ein mächtiger schwarzer Quader, zu welchem ein geradlinig betonierter Weg führt, den Eingang zu den Gräbern. Besuchen kann man das Innere nur nach Voranmeldung (Tel. 00421 948554442, E-Mail: memorial@ znoba.sk). Da es sich um einen für die Juden heiligen Ort handelt, sollte man beim Besuch des Areals auf adäquate Kleidung achten (keine Shorts oder kurzen Röcke). Männer müssen eine Kopfbedeckung tragen (sicherheitshalber mitbringen; es muss keine jüdische Kippa sein – Mütze, Hut oder Kappe genügen).

Das Chatam-Sofer-Mausoleum ist auf jeden Fall ein besonderer Ort – einer, wie man ihn außerhalb Israels selten finden wird. Auf der Internetseite www.chatamsofer.sk gibt es in englischer Sprache Hintergrundinfos, historische Fotos und ein Video – unter anderem mit Ansichten des Alten Jüdischen Friedhofs vor dessen Auflösung.

❯ Nábrežie armádneho generála Ludvika Svobodu 20, Straßenbahn 4, 10, 12, 17 bis „Chatam Sofer", www.chatamsofer.sk, oberirdisches Areal geöffnet: tägl. 11–17 Uhr außer Sa. Weitere Infos zum Thema Judentum in Bratislava finden sich im Exkurs auf S. 45.

Stadtwanderung rund um den Burgberg

Die Sehenswürdigkeiten des Burg-Komplexes können im Rahmen eines Spaziergangs besichtigt werden. Die Route beginnt beim **Haus zum guten Hirten** ⑲. *Von hier geht es über die* **Beblavého-Straße** *hinauf zur* **Burg** ⑳, *deren Areal man in Ruhe umrunden sollte. Westlich der Burg beginnt am Gebäude des* **Slowakischen Nationalrats** *(Národná rada) die Straße Mudroňova, der man circa 150 m in westlicher Richtung bergan folgt, ehe bei Hausnummer 9 ein leicht zu übersehender kleiner Weg (Strmá cesta) nach rechts abbiegt. Diesem folgt man über etliche Stufen den Burgberg hinunter bis zur* **Chatam-Sofer-Gedenkstätte** ㉒. *An der Donaulände geht es wieder zurück Richtung* **SNP-Brücke** ㉓ *und* **Martinsdom** ❹. *Wer möchte, kann etwa auf Höhe der kleinen Dreifaltigkeitskirche beziehungsweise des Restaurants Rybársky cech die Hauptstraße überqueren (Achtung: keine Ampel!), um die Gasse Žižkova mit* **dem Museum der Kultur der Karpatendeutschen** ㉑ *näher unter die Lupe zu nehmen.*

022bl-se

Rund um die Altstadt

Zwar befinden sich die im Folgenden beschriebenen Sehenswürdigkeiten nicht mehr im Kern des historischen Pressburg, viele von ihnen sind aber ebenfalls unkompliziert und schnell zu Fuß zu erreichen. Um auf das UFO der SNP-Brücke ㉓ zu gelangen, ist nur ein kleiner Spaziergang über die Donau vonnöten. Durch die Parkanlage Sad Janka Kráľa ㉔, die zum südlich der Donau gelegenen Bezirk Petržalka gehört, und über die Alte Brücke ㉕ gelangt man schnell wieder zurück ins urbane Zentrum Bratislavas. Nahe beieinander liegen der moderne Eurovea-Komplex ㉖ und die einzigartige Blaue Kirche ㉘. Wer gut zu Fuß ist, wird auch keine Probleme damit haben, das sowjetische Kriegerdenkmal Slavín ㉜ zu erklimmen, von wo aus man einen wunderbaren Blick über die Stadt genießt. Zu den leicht erreichbaren Zielen unweit der Altstadtgassen gehören auch der repräsentative Sitz des slowakischen Präsidenten, das Palais Grassalkovich ㉛*, und die belebte Einkaufs- und Ausgehmeile Obchodná* ㉙*, die sich für einen Bummel anbietet.*

㉓ SNP-Brücke/UFO (Most SNP/UFO) ★★★ [C7]

SNP ist die Kurzform für Most Slovenského národného povstania (Brücke des Slowakischen Nationalaufstands) und erinnert ebenso wie der SNP-Platz ⑮ an die Ereignisse im Jahr 1944 (s. S. 105). Sie ist eine der markantesten Sehenswürdigkeiten des modernen Bratislava, wobei man richtigerweise sagen muss, dass die eigentliche Sehenswürdigkeit der futuristische Brückenpfeiler ist.

J. Lacko und A. Tesar, die Architekten der zwischen 1967 und 1972 errichteten Brücke, entschieden sich, die Prestigekonstruktion lediglich an einem Brückenpfeiler aufzuhängen. Die 432 Meter lange Donaubrücke verbindet die Altstadt und die Burg mit der gegenüberliegenden Plattenbausiedlung **Petržalka.**

024bl/se

Kleiner Donaubrücken-Spaziergang

Bratislavas Brücken sind einen Spaziergang wert: Zunächst überquert man vom Ufer nahe des Martinsdoms ❹ aus die **SNP-Brücke** ㉓ und fährt nach Belieben hoch zur Aussichtsplattform auf dem „UFO". Von dort geht es durch den **Janko-Kráľ-Park** ㉔ und über die nagelneue **Alte Brücke** (Starý most) wieder zum nördlichen Donauufer. Von hier ist es nicht weit zum **Eurovea-Komplex** ㉕, zur **Blauen Kirche** ㉘ oder wieder zurück in die Altstadt. Der Weg bildet eine Etappe des auf S. 11 beschriebenen Stadtspaziergangs.

Der Bau der Brücke und mit ihr die Errichtung der Stadtautobahn mitten durchs Zentrum des historischen Pressburg waren Prestigeprojekte der sozialistischen ČSSR in einer Zeit, als man dem Alten in ganz Europa nicht viel Achtung entgegenbrachte. Doch in Bratislava machte man gleich beträchtliche Teile der Altstadt dem Erdboden gleich – unter anderem auch die alte jüdische Synagoge. Gleichzeitig wurde mit der Stadtautobahn eine Wunde zwischen Burgberg und Martinsdom ❹ geschlagen, die bis heute noch nicht wirklich verheilt ist.

Wie dem auch sei: Zumindest die SNP-Brücke ist auf jeden Fall ein Hingucker und sucht in ihrer Gestalt weltweit ihresgleichen. Auf der Spitze des 80 Meter hohen Pfeilers scheint ein **UFO** gelandet zu sein, weshalb sich auch der Spitzname **UFO-Brücke** etabliert hat. Man sollte sich den Blick von der Freiluftaussichtsplattform nicht entgehen lassen. Wohl an keinem anderen Platz Bratislavas zeigt sich die Stadt mit all ihren Kontrasten so deutlich und faszinierend wie hier hoch über der Donau: im Norden die Burg, der Martinsdom ❹ und die Altstadt mit ihren Türmen sowie im Hintergrund die Ausläufer der Kleinen Karpaten mit dem Fernsehturm Kamzík ㊱; im Süden die Vorstadt Petržalka mit Plattenbauwüste und im Hintergrund die Donautiefebene. Allerdings muss man erst einmal hinaufkommen und das ist bei großem Besucherandrang manchmal leichter gesagt als getan. Leider transportiert der etwas in die Jahre gekommene Aufzug nur acht Personen gleichzeitig, sodass es unter Umständen zu längeren Wartezeiten in und vor dem kleinen Kassenhäuschen kommen kann.

▱ Auf das UFO am Brückenpfeiler kann man mit einem Aufzug fahren

◁ Die SNP-Brücke verbindet den modernen Stadtteil Petržalka mit der Altstadt

Nach der Liftfahrt sind es noch einige Stufen hinauf zur Plattform. Auf dem Weg erhält man über einen Monitor Informationen zur Erbauung der Brücke. Im Inneren der markanten UFO-Konstruktion befindet sich eine **Café-Restaurant-Kombination,** für die man reservieren sollte (s. S. 87). Kleiner Extratipp für Männer: Wohl in keiner anderen öffentlichen Bedürfnisanstalt hat man einen schöneren Blick beim Verrichten des kleinen Geschäfts …

Nach dem UFO-Abenteuer wieder gut unten gelandet, kann man am neu angelegten Donaustrand mit Blick auf die gegenüberliegende Burg oder im benachbarten **Janko-Kráľ-Park** ❷❹ herrlich ausspannen und die Seele baumeln lassen.

❭ Bus 93 Station bis „Aupark", von der Haltestelle unterquert man die Stadtautobahn Richtung Aupark-Einkaufszentrum (s. S. 94) und nimmt den Weg Richtung Brückenpfeiler (ca. 7 Min. Gehzeit), Tel. 00421 2 62520300, www.redmonkeygroup.com/de/ufo-restauracia-bar.html, geöffnet: tägl. 10–23 Uhr, Eintritt: 7,40 €, ermäßigt 4,95 €, Kinder über 111 cm bis 15 Jahre: 3,95 €, Behinderte kostenlos. Gäste des Restaurants erhalten eine Eintrittsermäßigung.

❷❹ Janko-Kráľ-Park (Sad Janka Kráľa) ★ [E7]

In Petržalka kann man architektonisch in die Zeit des real existierenden tschechoslowakischen Sozialismus eintauchen. Über 100.000 Menschen leben in den riesigen **Plattenbausiedlungen** und machen den Stadtteil zum **Gebiet mit der höchsten Bevölkerungsdichte in der Slowakei.** Auch die Preise sind teilweise noch sozialistisch: Während man in der Altstadt in Restaurants und Cafés durchaus westliche Preise zahlt, kann

KLEINE PAUSE

Einkehr im und am Park
Unweit der Donau und der SNP-Brücke ❷❸ ist in einem historischen Gebäude das Gasthaus **Leberfinger** untergebracht. Besonders im Sommer stellt der Gastgarten eine angenehme Einkehrmöglichkeit für Besucher des Janko-Kráľ Parks dar – inklusive slowakischer Schmankerln und Erfrischungsgetränken. Eine weitere lohnende Einkehradresse ist das Restaurant **Mýtny domček** (s. S. 87) im ehemaligen Zollhaus an der Alten Brücke ❷❺.

📞🕚 [D7] **Leberfinger,** Viedenská cesta 257, Tel. 00421 2 62317590, www.leberfinger.sk, geöffnet: tägl. 11–24 Uhr

man hier teilweise sehr günstig essen und trinken. Allerdings gehören jene Zeiten, in denen Bratislava bei manchen Wienern den etwas herabwürdigenden Spitznamen „Gratislava" trug, mittlerweile auch hier der Vergangenheit an. Für die Bewohner sind Mieten und Lebenshaltungskosten ebenfalls gestiegen.

Die trostlos wirkenden Plattenbausiedlungen sollten nicht von einem Abstecher über die Donau abschrecken: Schließlich befindet sich auf dem gegenüber der Altstadt gelegenen Flussufer eine geschichtsträchtige grüne Lunge: der Park **Sad Janka Kráľa.** Bereits 1776 wurde die Anlage als eine der ersten öffentlichen Parks Europas der Pressburger Bevölkerung zugänglich gemacht. Beeinflusst von französischen Barockgärten, sind die Wege in der Form eines achtecki-

▷ *Die Alte Brücke erstrahlt seit 2016 in neuem Glanz*

gen Sterns angelegt, wobei jeder Weg von einer unterschiedlichen Baumart geprägt ist. Insbesondere im Sommer spenden die alten Baumriesen angenehmen Schatten – unter ihnen neben typischen Auwaldvertretern wie Erlen oder Weiden auch Platanen, Magnolien, Zypressen und andere exotische Baumarten.

Daneben gibt es eine Vielzahl historischer Statuen: unter ihnen jene des Namensgebers, des nationalromantischen slowakischen Dichters **Janko Kráľ**, im Zentrum – eine drei Meter hohe Skulptur aus weißem rumänischem Marmor, geschaffen vom akademischen Bildhauer Franz Gibala – und die des ungarischen Revolutionärs und Dichters Sándor Petöfi. Rosenliebhaber kommen ebenfalls auf ihre Kosten – insbesondere bei den Beeten rund um das Janko Kráľ-Denkmal.

Auch eine gotische **Kirchturmspitze**, die einst die Franziskanerkirche ⓭ in der Altstadt bekrönte und im Rahmen von Sanierungsarbeiten abgetragen wurde, hat man im Park (östliches Ende) aufgestellt.

Wer von der Altstadt aus die **SNP-Brücke** ㉓ überquert, erreicht den Park linker Hand in wenigen Minuten. Gen Osten erstreckt er sich bis zur neu errichteten **Alten Brücke** (Starý most) ㉕. Über diese steuern seit 2016 auch die Straßenbahnlinien 1 und 3 den Stadtteil an.

❯ Bus 93 bis „Aupark" (westlicher Teil des Parks), Straßenbahn 1, 3 bis „Sad Janka Kráľa" (östlicher Teil des Parks)

㉕ Alte Brücke (Starý most) ★★ [F6]

Alt und gleichzeitig nagelneu zeigt sich die **Alte Brücke (Starý Most)** – vor dem Bau der **SNP-Brücke** ㉓ war sie die wichtigste Donauüberquerung der Stadt. Als Franz-Josephs-Brücke wurde sie als Musterbeispiel der Industrialisierung als stählerne Eisenbahnbrücke 1891 vom Kaiser persönlich eingeweiht. Im Zweiten Weltkrieg schwer beschädigt, bauten sie sowjetische Soldaten und deutsche Kriegsgefangene unter dem Namen Rote-Armee-Brücke wieder auf. Bis zur Eröffnung der SNP-Brücke 1972

025bl.se

war sie Bratislavas einzige Donaubrücke. In den folgenden Jahrzehnten wurde sie baufällig und war einsturzgefährdet. Zwischenzeitlich durften nur noch Fußgänger und Radfahrer das in die Jahre gekommene Bauwerk überqueren, ehe man sich dazu durchringen konnte, die Brücke 2013 zu demontieren und neu zu errichten. Am 17. Mai 2016 fand die feierliche Einweihung der neuen Alten Brücke statt, die sich von ihrem Vorgängerbau nicht allzu sehr unterscheidet.

Auf Wunsch der Bevölkerung wurde sie grün gestrichen, aus der ehemaligen Eisenbahnbrücke wurde eine **Straßenbahnbrücke.** Die Kosten für den Neubau sollen angeblich 70 Millionen Euro betragen haben. Doch die Investition hat sich gelohnt: Entstanden ist eine elegante Stahlkonstruktion, die dem historischen Vorbild zwar ähnelt, jedoch gleichzeitig neue Akzente setzt – eine gelungene Mischung aus Tradition und moderner Architektur!

Die Brücke ist für den Autoverkehr gesperrt und dient lediglich der Straßenbahn sowie Fußgängern und Radfahrern zur Donauüberquerung. Durch den fehlenden Verkehrslärm und ihre vier **Rastplatz-Halbinseln** mit Bänken hat sie sich innerhalb kürzester Zeit zu einem beliebten Anziehungspunkt für Einheimische und Touristen entwickelt. Man genießt Richtung Westen einen wunderbaren Blick zur SNP-Brücke und zur Burg **20**, nach Osten einen nicht weniger spektakulären Weitblick zur Apollo-Brücke [H6/7] und zum Industriehafen Bratislavas. Alles Wichtige rund um die drei sehenswerten Brücken Bratislavas findet man ab S. 108.

> Straßenbahn 1, 3, 4, 6, 8 bis „Šafárikovo nám." oder am Donau-Südufer (Petržalka) Straßenbahn 1, 3 bis „Sad Janka Kráľa"

☐ *Der Eingangsbereich der modernen Shoppingmall Eurovea*

026bi·se

㉖ Rund um den Eurovea-Komplex ★★ [G6]

Mit Eurovea verbinden die meisten Bratislava-Besucher lediglich die riesige Shoppingmall nahe der Donau zwischen Alter Brücke ㉕ und Apollo-Brücke. Doch Eurovea ist ein nagelneuer Stadtteil Bratislavas mit Hotel, Kultureinrichtungen, einem Platz im Zentrum und Nobelappartements. Viel hat sich bautechnisch in den vergangenen Jahren in dieser Gegend verändert; fast kein Stein blieb auf dem anderen. Einige der modernsten Bauwerke der Stadt stehen in unmittelbarer Nähe zur Donau.

Im Eurovea-Komplex zeigt der in der Slowakei seit den 1990er-Jahren eingezogene Kapitalismus sein schillerndes Gesicht. Dass dabei die gewaltige **Eurovea Shopping Mall** im Zentrum steht, ist kein Wunder. Auf vier Etagen und insgesamt fast 60.000 Quadratmetern Fläche, die sich auf zwei Gebäudekomplexe verteilen, gibt es nichts, was es nicht gibt – zumindest für jene, die es sich leisten können: von teuren Markenklamotten über Schmuck bis hin zur 1000-Euro-Cognac-Flasche. Außerdem existiert ein internationales Gastronomieangebot. Wem diese Art des globalen Kommerzes zu unpersönlich und steril ist, der sollte allerdings lieber die alte Markthalle am SNP-Platz (s. S. 95) aufsuchen.

Liebhaber der globalen Glitzerwelt von Shoppingmalls werden jedoch voll auf ihre Kosten kommen; selbst am Sonntag ist bis 21 Uhr geöffnet – und das im traditionell katholischen Bratislava! Durch die gewaltigen Ausmaße des Areals und aufgrund der eher ruhigen Mentalität der Bevölkerung kommt hier selbst in der Vorweihnachtszeit keine unangenehme Hektik

auf. Etwas mehr Trubel und damit Umsatz in der Zukunft erhoffen sich vermutlich die Betreiber. Ob ihre Hoffnungen in Erfüllung gehen, hängt in erster Linie davon ab, wie sich die Kaufkraft großer Bevölkerungsschichten entwickeln wird. Mit den Superreichen allein lassen sich 60.000 Quadratmeter nur schwer betreiben. Außerdem gibt es mit dem nicht allzu weit entfernten Aupark (s. S. 94) sowie den Shoppingmalls am Stadtrand nicht unerhebliche Konkurrenz.

Zukunftsweisend präsentiert sich auf jeden Fall die moderne Architektur. Durch die gesamte Galerie zieht sich eine **wabenartige Glas-Stahl-Konstruktion**, die dem Gebäudekomplex eine schwungvolle Leichtigkeit verleiht. Das sogenannte „Egg" – ein aus Glasdreiecken bestehender, transparenter Repräsentationsbau im Eingangsbereich – erinnert ein wenig an das Londoner Rathaus und beherbergt neben Geschäftsflächen auch Büroräume.

Wer den vorderen Kaufhauskomplex durchschritten hat, gelangt auf den zentralen **Štefánik-Platz**. An seiner Nordseite wurde vor wenigen Jahren das **Neue Slowakische Nationaltheater** eröffnet. Als Ergänzung zum altehrwürdigen Gebäude in der Altstadt vereint es seit 2007 Oper, Schauspiel, Musical und Ballett unter einem Dach (s. S. 92).

Wendet man sich der Donau zu, springt einem sofort ein gewaltiges Denkmal ins Auge – eigentlich sind es gleich zwei: zum einen ein auf einem Pylon thronender bronzener Löwe, zum anderen die Monumentalskulptur eines Mannes, der heldenhaft über die Donau blickt. Das Löwendenkmal steht dabei nicht für eine Städtepartnerschaft mit Venedig, vielmehr handelt es sich um das ehemalige **Denkmal der Tschechoslowakischen Staatlichkeit**, das von 1988 bis 2010 vor dem Slowakischen Nationalmuseum stand. Der Löwe war dabei Teil eines älteren Denkmals aus der Ersten Tschechoslowakischen Republik und wurde angeblich nach der Besetzung Petržalkas durch deutsche Truppen auf persönlichen Wunsch Adolf Hitlers entfernt.

Vor dem Pylon steht die monumentale **Skulptur** des slowakischen Nationalhelden **Dr. Milan Rastislav Štefánik.** Während seines kurzen Lebens (1880–1919) fungierte er außer als Astronom und französischer Militärpilot auch als einer der Gründerväter des ersten tschechoslowakischen Staates. Um seinen plötzlichen Tod im Rahmen eines Flugzeugabsturzes ranken sich bis heute

Pressburgs Erfinder-Genie: Wolfgang von Kempelen und sein Schachtürke

*Brücken über die Donau hat man zwischen Bratislava und dem gegenüberliegenden Petržalka (Engerau) schon lange vor der heute berühmten **SNP-Brücke** ❷❸ konstruiert. Oft hatten sie aufgrund der Wassermacht der Donau nur eine kurze Lebenszeit. Dem gebürtigen Pressburger Wolfgang von Kempelen gelang es aber, eine **Pontonbrücke** (Schwimmbrücke) über die Donau zu konstruieren, welche immerhin 80 Jahre lang den Fluten standhielt.*

*Dies war jedoch beileibe nicht die einzige Errungenschaft, welche der Erfinder, der am 13. Januar 1734 in Pressburg das Licht der Welt erblickte, seiner Geburtsstadt vermacht hat: Unter anderem entwickelte er auch ein innovatives **Pumpsystem** für die Wasserversorgung der Pressburger Burg ❷⓿.*

*Mit etlichen Erfindungen sorgte Kempelen schließlich europa- und weltweit für Furore: mit einer **Sprechmaschine,** die auf Knopfdruck zu plappern anfing, mit einer Schreibmaschine für Blinde und mit einem revolutionären Vorläufer späterer Schachcomputer. Der sogenannte **Schachtürke** avancierte zu seiner*

*skurrilsten und berühmtesten Erfindung: Es handelte sich dabei um eine Maschine mit der Puppenfigur eines in türkischer Tracht gekleideten Mannes, welche seine Gegner zum Spiel aufforderte. Uhrwerkartig machte die Figur ihre Züge und war immer erfolgreich. Vor den Spielen öffnete Kempelen stets den Innenraum der Maschine, um zu beweisen, dass sich kein lebendiger Schachspieler darin befinde. Der Erfolg beim Publikum war so überragend, dass Kempelen sich mit seinem scheinbar unbesiegbaren Schachautomaten auf **Tournee** durch ganz Europa machte - sogar der österreichische Kaiser Joseph II. und ein russischer Großfürst durften sich vom Talent des türkischen Superspielers überzeugen. Lediglich in Paris musste die Osmanenpuppe eine Niederlage gegen André Danican Philidor hinnehmen, den damals besten Schachspieler der Welt. Der Automat erholte sich jedoch schnell wieder von diesem Rückschlag und gewann in der Folge Partien gegen so hochrangige Gegner wie König Friedrich den Großen von Preußen; bereits nach*

Legenden und Verschwörungstheorien. Unterhalb des Denkmals hat man zur Donau hin einige Betonstufen errichtet, die ein wenig an ein indisches Ghat erinnern und speziell in der warmen Jahreszeit ein beliebter Treffpunkt sind.

❭ Pribinova 8, Straßenbahn 1, 3, 4, 6, 8 bis „Šafárikovo nám.", Tel. 00421 2 20915050, www.eurovea.com, geöffnet: tägl. 10–21 Uhr

dem Ableben des Erfinders (1804 in Wien) angeblich auch gegen Napoleon. Ein späterer Erbe der mysteriösen Maschine ging mit dem Schachtürken sogar in den USA auf Tournee, ehe das Unikum im Jahre 1854 in einem Museum in Philadelphia verbrannte.

Bis heute wurde das Geheimnis des Schachtürken nie endgültig gelüftet. In mehreren Aufdeckungsversuchen ging man davon aus, dass doch eine Person in der Maschine versteckt war – angeblich sogar Kempelens Tochter. Letztendlich haben jedoch die Flammen das Geheimnis des Pressburger Tausendsassas in Rauch aufgelöst, sodass bis heute über das Rätsel des türkischen Schachgenies spekuliert werden darf. Sprachethymologisch hat sich das Wort „getürkt" für vorgetäuscht im allgemeinen Sprachgebrauch durchgesetzt.

Ein vermutlich historisch wohl nicht ganz detailgenauer Nachbau des Schachtürken steht heute im Touristencafé Roland am Hauptplatz ❾. Zum königlichen Spiel kann man ihn jedoch nicht herausfordern. Zu einem Denkmal in der ansonsten von Denkmälern reich beschenkten Stadt Bratislava hat es Wolfgang von Kempelen bis heute noch nicht gebracht.

㉗ Šafárik-Platz (Šafárikovo námestie) ★ [F6]

Der nahe der Donau und der Alten Brücke ㉕ gelegene Platz ist benannt nach dem slowakischen Dichter, Wissenschaftler und „Wiederbeleber" der slowakischen Kultur, Pavel Jozef Šafárik (1795–1861). Vor der Gründung der Tschechoslowakei hieß er König-Andreas-Platz und erinnerte an den berühmten ungarischen König Andreas III., der Pressburg im Jahr 1291 die Stadtrechte verliehen hatte. Der Platz bildet einen wichtigen **Verkehrsknotenpunkt** des öffentlichen Nahverkehrs, insbesondere seit der Umfunktionierung der Alten Brücke für den Straßenbahnverkehr.

Neben der Haltestelle gibt es einen kleinen **Park** mit einem hübschen **Entenbrunnen.** Entworfen wurde er 1914 vom Pressburger Bildhauer Robert Kühmayer, der auch den Brunnen mit Mädchen und Reh auf der Promenade ❻ gestaltete. Ein paar Jahre früher, nämlich 1904, entstand das wunderschöne **Jugendstilhaus** an der Nordostseite des Platzes. Bei untergehender Nachmittagssonne erstrahlt die lachsrote Fassade mit Erker, schmiedeeisernen Balkonen, geschwungenem Dach und floraler Fensterornamentik besonders farbenprächtig.

Auffällig ist auch das 1919 gegründete und damit fast 100 Jahre alte Hauptgebäude der **Comenius-Universität** (Univerzita Komenského) mit seinem charakteristischen halbkreisförmigen Vorbau hin zur Hauptstraße Doskojevského rad. Sie ist nicht nur die **älteste Universität der Slowakei** – Vorgängerin war die Universitas Istropolitana aus dem Jahre 1465 –, sondern mit circa 20.000 Studenten auch die größte Bildungseinrichtung

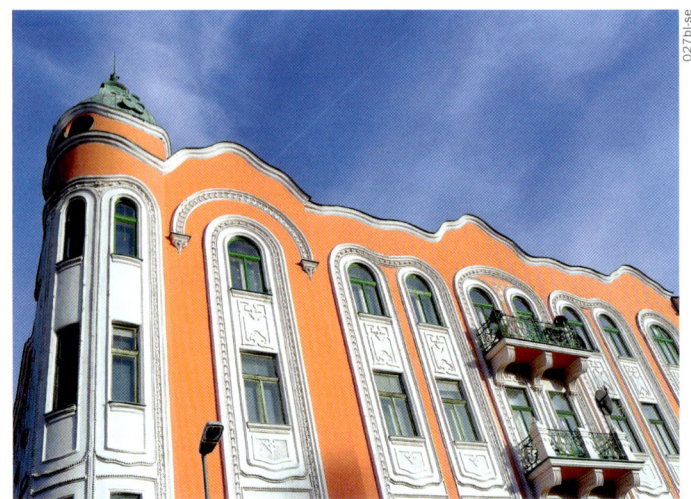

des Landes und umfasst insgesamt 13 Fakultäten. Namensgeber war der mährische Philosoph und evangelische Theologe **Johann Amos Comenius,** der sich im 17. Jahrhundert mit einer christlich-humanistischen Lebensgestaltung befasste und dessen pädagogische Ansätze für die damalige Zeit sehr modern und reformatorisch waren, sodass sie bis weit in die Moderne hinein ausstrahlten.

Zwischen Šafárik-Platz und Eurovea-Komplex **26** steht ein typisches Gebäude aus der kommunistischen Ära, in dem das slowakische **Innenministerium** (Ministerstvo vnútra) untergebracht ist.

❯ Straßenbahn 1, 3, 4, 6 bis „Šafárikovo nám.“

△ *Pressburger Jugendstil:*
Haus am Šafarik-Platz **27**

28 Blaue Kirche (Elisabethkirche, Kostol svätej Alžbety) ★★★ **[F5]**

Nicht nur die zartblaue Farbe der Kirche, auch der zylindrische – an ein Minarett erinnernde – Kirchturm und die reich verzierte Außenfassade machen das katholische Gotteshaus zu einem Unikat. Die Kirche ist ein **Werk des ungarischen Jugendstils** und wurde 1908 nach Plänen des Budapester Architekten Öden Lechner verwirklicht – wohl auch ein wenig beeinflusst vom spanischen Architekten Antoni Gaudí.

Sie steht etwas versteckt in der Altstadtgasse Bezručova ulica 4. Über dem Haupteingang ist ein rundes Mosaik angebracht, auf dem das Rosenwunder der Heiligen Elisabeth von Ungarn (in Deutschland Elisabeth von Thüringen) dargestellt ist: Als Elisabeth gerade dabei ist, den Armen trotz Verbot und Strafandrohung Brot zu geben, wird sie zur Rede gestellt und das Brot unter ihrer Schürze verwandelt sich in Rosen. In der ungarischen Krönungsstadt Pressburg erfreute und erfreut sich die Heilige besonderer Beliebtheit. Seit dem Mittelalter gilt ihr Wirken als Inbegriff tätiger Nächstenliebe. Ob sie jedoch tatsächlich in Pressburg oder doch eher auf der nordungarischen Burg Sárospatak geboren wurde, ist geschichtlich nicht genau nachweisbar. Ein neueres Bronzedenkmal der Heiligen Elisabeth findet sich auf dem Burgplateau **⑳**.

Auch im **Kircheninneren** dominiert ein **blauer Pastellton**, mit dem auch die Kirchenbänke bemalt sind. Bei den Pressburgern ist die Elisabethkirche traditionell eine beliebte Hochzeitskirche. Allerdings kann es den Hochzeitsgesellschaften passieren, dass sie von Baulärm gestört werden. In der Nachbarschaft der Kirche werden gerade etliche Baurelikte aus sozialistischer Zeit demoliert, um Platz für Neues zu schaffen.

> Kostol svätej Alžbety, Bezručova 2, Straßenbahn 1, 3, 4, 6 bis „Šafárikovo nám.", Eintritt frei. Meist ist nur der Eingangsbereich geöffnet.

㉙ Obchodná-Straße ★ [D4]

Die Obchodná-Straße ist eine der wichtigsten Lebensadern Bratislavas. Die für den Autoverkehr gesperrte **Einkaufsmeile**, die vom Hurbanovo namestie [D4] (zwischen Komitatsplatz und SNP-Platz **⑮**) in nordöstlicher Richtung stadtauswärts führt, ist zwar weniger pittoresk, weniger nobel und weniger touristisch als die Gassen der Altstadt, aber vielleicht spürt man gerade deshalb hier den Herzschlag Bratislavas etwas lauter.

Laut und wild kann es besonders in den Wochenendnächten werden, denn die Obchodná ist auch ein absoluter **Hotspot des Nachtlebens** der Donaumetropole. In den Bierlokalen wie dem berühmten **1. Slovak Pub** (s. S. 86) oder in den Kellerklubs (s. S. 91) steppt der Bär! Wer um seine Nachtruhe besorgt ist, sollte lieber nicht in den zahlreichen Hostels und Hotels der Obchodná absteigen; wer hingegen einen kurzen Heimweg vom letzten Drink im Morgengrauen ins Bett bevorzugt, dem seien die Unterkünfte empfohlen.

> *Der Innenraum der Blauen Kirche*

Tagsüber lohnt es sich, den einen oder anderen verborgenen Hinterhof der Obchodná zu erkunden. Die Fassaden direkt an der Straße haben dagegen kunsthistorisch eher wenig zu bieten.

❯ Straßenbahn 5, 7 bis „Poštova" oder „Vysoká"

㉚ Rund um den Freiheitsplatz (Námestie slobody) ⭐ [E2]

Direkt gegenüber dem slowakischen Regierungssitz, der sich im ehemaligen **Erzbischöflichen Sommerpalais** befindet, erstreckt sich mit dem **Námestie slobody** eine große Parkanlage. Wenn man diese in nordöstlicher Richtung durchquert, gelangt man zur Kreuzung an der Straße Imricha Karvaša. Hier steht unübersehbar das Hochhaus der Slowakischen Nationalbank – ein bankentypischer Wolkenkratzer aus Glas, Stahl und Beton. Davor befindet sich das Reiterstandbild des Biatec, eines keltischen Fürsten aus dem ersten Jahrhundert vor Christus, welcher auch die ehemalige slowakische 5-Kronen-Münze zierte.

Architektonisch interessanter als das Nationalbankgebäude ist das **Gebäude des Slowakischen Rundfunks** gegenüber. Konstruiert wurde es in Form einer umgedrehten Pyramide Anfang der 1980er-Jahre. Heute zählt die slowakische Pyramide zu den architektonischen Highlights des modernen Bratislava.

Kirchenliebhaber können von hier aus in etwa fünf Minuten die **Kirche Mariä Himmelfahrt** (Kostol Nanebovzatia Panny Márie) – auch **Blumenthal-Kirche** (Blumentálsky kostol) genannt – an der Ecke Radlinského/Floriánske námestie erreichen. Sie wurde im Stil des sogenannten Eklektizismus Ende des 19. Jahrhunderts errichtet. Davor steht eine prächtige barocke Säule, bekrönt von der Statue des Heiligen Florian.

❯ Straßenbahn 1, 2 bis „Žilinská"

▽ *Moderne Nachkriegsarchitektur: der umgedrehte Pyramidenbau des Slowakischen Rundfunks*

029bi-se

03 0bi-se

31 Palais Grassalkovich (Präsidentenpalais) ★★ [D3]

Das vielleicht schönste Palais der Stadt – eigentlich schon mehr Schloss als Palais – steht etwas nördlich der Altstadt und dient heute dem slowakischen Präsidenten als Regierungssitz.

Präsident war auch schon der erste Bewohner, Erbauer und Namensgeber **Graf Antal Grassalkovich I.**, seines Zeichens ungarischer Hofkammerpräsident und Vertrauter von Kaiserin Maria Theresia. Entworfen wurde das Rokoko-Palais im Jahr 1760 von Andreas Mayerhoffer nach dem Vorbild des ebenfalls von ihm realisierten Schlosses Gödöllő bei Budapest.

Nach Fertigstellung des Palais pulsierte dort das höfische Leben in voller **spätbarocker Prachtentfaltung.** In den Sälen tummelte sich der Adel bei Bällen und Banketten; zusätzlich erlebte das illustre Publikum kulturelle Glanzlichter: So wurden etliche Werke des Komponisten Joseph Haydn hier uraufgeführt.

⌃ *Sitz des Präsidenten: das repräsentative Palais Grassalkovich*

Auf dem Platz vor dem Palais wurde ein großer Brunnen mit Weltkugel im Zentrum errichtet, der vom 2015 verstorbenen Pressburger Künstler Tibor Bártfay stammt und den Weltfrieden versinnbildlichen soll. Zusammen mit dem Palais und dessen prächtigem schmiedeeisernen Eingangstor dient er als beliebtes Fotomotiv und sorgt im Hochsommer durch die Sprühnebel für willkommene Abkühlung. Bei den Zaungästen ebenfalls sehr gefragt: der regelmäßige Wachwechsel der uniformierten Posten vor dem Gebäude.

Das Innere des Präsidentenpalais mit Spanischem Saal und prunkvollem Treppenhaus kann wegen seiner heutigen Funktion nicht besichtigt werden. Stattdessen lohnt sich ein Abstecher in die öffentlich zugängliche **Gartenanlage** des Palais. Neben bunten Blumenbeeten findet man hier unter anderem eine **Statue von Kaiserin Maria Theresia** sowie den sehenswerten **Brunnen „Die Jugend"**, ebenfalls ein Werk des Künstlers Tibor Bártfay. Dargestellt sind drei bronzene junge Damen, die sich in erotisch-nackter Anmut und voller Dynamik um das kühle Nass gruppieren. Wer nach längerem Besichtigungsprogramm in der quirligen

Altstadt etwas Ruhe und Erholung sucht, ist in der lauschigen Parkanlage genau richtig. Ein Kinderspielplatz sowie eine öffentliche **Toilette** sind ebenfalls vorhanden.

Nicht weit vom Palais Grassalkovich entfernt – an der Westseite des Platzes Námestie slobody ⑩ – befindet sich das ehemals **Erzbischöfliche Sommerpalais**, welches heute als Sitz der slowakischen Regierung dient.

❭ Hodžovo námestie 1, Bushaltestelle „Hodžovo nám." (unter anderem Bus 93 vom und zum Hauptbahnhof), Eintritt in den Garten Grassalkovich frei

㉜ Slavín (Sowjetischer Ehrenfriedhof) ★★★ [B2]

Eines der unübersehbaren Wahrzeichen der Stadt ist der Slavín. Das gewaltige sowjetische Kriegerdenkmal mit Friedhof hoch über der Stadt erinnert an die 6845 Soldaten der Roten Armee, die während der Schlacht um Bratislava im April 1945 ihr Leben lassen mussten.

Die 1960 fertiggestellte Anlage ist in drei Bereiche geteilt: in den Aufgang, den eigentlichen Friedhof und schließlich das weithin sichtbare Denkmal mit dem Soldaten auf der Spitze eines Pylonen.

Den Aufgang bildet eine breite Treppe, an deren unterem Ende sich das Relief „Eid auf die Fahne des Kampfes" befindet. Am oberen Ende der Treppe erweisen zwei aus Bronze gestaltete Mädchenfiguren mit Kränzen und Bändern den gefallenen Soldaten die letzte Ehre, welche auf dem anschließenden Friedhof in sechs Massengräbern und einigen Einzelgräbern ihre letzte Ruhestätte fanden.

Vor dem monumentalen Mahnmal selbst verweisen zwei Bronzeplastiken auf die Opfer der Soldaten: rechts unter dem Titel „Inmitten des Kampfes" und links mit der Aufschrift „Am Grabe des Kampfgefährten".

O31bl-se

Die Basis des Monuments bildet die **Zeremonienhalle**, welche in der Regel verschlossen ist. Auf der Spitze des 39 Meter hohen **Pylonen aus Granit** symbolisiert ein 11 Meter hoher **Sowjetsoldat** mit Fahne den Sieg der Roten Armee. Das Monument wurde vom slowakischen Architekten Jan Svetlík entworfen. Die Bäume des das Denkmal umgebenden Parks stammen zum Teil aus der ehemaligen Sowjetunion.

Generell besteht eine Ähnlichkeit zwischen dem Slavín und anderen sowjetischen Monumenten wie etwa dem sogenannten Russendenkmal am Wiener Schwarzenbergplatz oder dem sowjetischen Ehrenfriedhof in Berlin-Treptow.

In seiner Monumentalität hatte der Slavín aber nicht nur die Aufgabe, an Tod und Leid der sowjetischen Soldaten zu erinnern, er symbolisierte auch den **Machtanspruch der Sowjetunion** gegenüber den unter ihrem Einfluss stehenden Völkern. Insofern war der Rotarmist, der von seiner Säule aus die gesamte Stadt überblickt, in den Augen vieler Bewohner nicht nur Befreier, sondern auch drohender Besatzer und Sinnbild der tschechoslowakischen Unterdrückung durch Moskau. Insbesondere seit der gewaltsamen Niederschlagung des Prager Frühlings 1968 verstärkte sich dieser Eindruck noch und daher ist es kein Wunder, dass nach der Samtenen Revolution 1989 so mancher Slowake das omnipräsente Machtsymbol vergangener Zeiten am liebsten aus dem Stadtbild verschwunden gesehen hätte.

Mittlerweile hat sich insbesondere die jüngere Generation an das Mahnmal gewöhnt und man betrachtet es in erster Linie wieder in seiner eigentlichen Funktion: als Erinnerungsstätte für jene, die für die Befreiung der Stadt von den Nationalsozialisten ihr Leben lassen mussten, und ganz allgemein als geschichtliches Bauwerk und Wahrzeichen Bratislavas, das ebenso zur Stadt gehört wie Burg, Martinsdom und SNP-Brücke.

Egal wie man persönlich zum Slavín stehen mag: Auf jeden Fall ist er einen Besuch wert und nebenbei auch ein **wunderbarer Aussichtsplatz** und ein grüner Ort der Ruhe.

❯ Slavín 1, http://muzeum.bratislava.sk. Das Areal ist frei zugänglich und täglich geöffnet; der Eintritt ist frei. Die zentrale Ehrenhalle wird für Ehrenbekundungen und Kranzniederlegungen aufgesperrt, die von Touristengruppen aus den ehemaligen Sowjetrepubliken bis heute vorgenommen werden.

❯ **Aufstieg zum Slavín:** Man gelangt über mehrere Wege hinauf zum sowjetischen Ehrendenkmal. Vom Palais Grassalkovich **31** aus erreicht man die in einer grünen Villengegend gelegene Anhöhe in etwa 15 bis 20 Minuten zu Fuß: Zunächst steigt man die Tolstého und die darauf folgende Kuzmányho bergauf, bis man die Vlčkova erreicht. Hier geht man einige Meter nach links, ehe man nach ein paar Garagen rechts über eine Fußgängertreppe hinauf zur Donovalova gelangt. Von dieser biegt man rechts in die Misikova ein und erreicht schließlich über die Na Slavíne den Zugang zum Denkmal, das teilweise ausgeschildert ist. Für den Abstieg empfiehlt sich eventuell der Weg über die Havlíčkova und die Misikova zu einer steilen Treppe, welche einen rasch zur Puškinova bringt und von wo aus man weiter geradeaus hinunter zur Hauptstraße Štefánikova gelangt. Von dort ist es nicht mehr weit zum Hauptbahnhof Bratislava hl. st.

◁ *Mächtiges Denkmal der ehemaligen Sowjetmacht: der Slavín*

Ziele am Stadtrand von Bratislava

Wenngleich sich die wichtigsten Sehenswürdigkeiten Bratislavas im Zentrum zwischen Burg und Altstadt sowie in unmittelbarer Nähe zur Altstadt ballen, haben einige Außenbezirke der Stadt ein paar ganz besondere Highlights für all jene zu bieten, die auch etwas mehr vom slowakischen Umland kennenlernen möchten. Obwohl die folgenden Ziele offiziell zu Bratislava gehören, liegen sie teilweise bereits in ländlich anmutenden Gebieten. Auf keinen Fall entgehen lassen sollte man sich einen Ausflug zur magischen Felsenruine Devín ❸, aber auch ein Abstecher in den Südosten nach Rusovce und zum Donaustausee mit dem großartigen Danubiana Meulensteen Art Museum ❸ lohnen einen Halbtagesausflug. Nicht allzu weit von der Innenstadt entfernt beginnen außerdem die Kleinen Karpaten.

Rusovce (Karlburg)

Der kleine, nahe der österreichischen und der ungarischen Grenze gelegene Vorort von Bratislava kann gleich mit zwei nicht uninteressanten Sehenswürdigkeiten aufwarten: zum einen mit Schloss Karlburg (Kaštieľ Rusovce ❸) und der zugehörigen Parkanlage, zum anderen mit der Ausgrabungsstätte um das ehemalige Römerkastell Gerulata. Bereits zu Römerzeiten bildete dieser südlichste Zipfel des heutigen Stadtgebiets von Bratislava einen strategisch wichtigen Teil des Limes, welcher durch die Donau gebildet wurde.

Auch in der jüngeren Geschichte zeigt sich die Bedeutung des sogenannten Pressburger Brückenkopfs. Bis 1948 hieß der Ort Oroszvár und gehörte zu Ungarn. Infolge der Pariser Friedenskonferenz wurde er aus strategischen Gründen von der Tschechoslowakei einverleibt und ist seit 1972 offiziell Stadtteil Bratislavas. Wer mit dem Auto anreist, parkt am besten in der Nähe des Schlosses beim **Restaurant SL'UK** (s. S. 64). Von hier aus lassen sich sowohl Schlosspark als auch Römerkastell bequem zu Fuß erreichen. Wer etwas mehr Zeit mitbringt, kann auch einen Spaziergang in die ursprünglichen Donauauen mit einplanen – ein wahres Paradies für Naturliebhaber und Vogelkundler.

❸ Schloss und Schlosspark Karlburg (Kaštieľ Rusovce) ★★

Auf den ersten Blick wirkt das Schloss wie ein typisches Märchenschloss im Dornröschenschlaf und in gewisser Weise befindet es sich bis heute tatsächlich in einem solch leicht morbiden Zeitloch. Der Putz bröckelt von den Fassaden und ein melancholischer Schleier umweht das gesamte Areal.

Erbaut wurde Schloss Karlburg zwischen 1841 und 1846 im **neugotischen Tudorstil**, der im 19. Jahrhundert nicht nur in England schwer in Mode war. In Auftrag gegeben hatte den Bau Graf Emanuel Zichy-Ferraris, dessen Familie bereits seit Mitte des 17. Jahrhunderts im Besitz des Anwesens war. Möglicherweise wollte der Graf seiner englischen Gemahlin eine Freude bereiten, denn auch die Parkanlage wurde im Stile englischer Gärten weitläufig und naturnah errichtet.

In den folgenden Jahrzehnten wechselte das Schloss mehrmals seine Besitzer: Unter dem Stahlunternehmer Graf Hugo Henckel von

Donnersmarck diente es als Pferdegestüt, ab 1906 erwarb und bezog es **Prinzessin Stephanie von Belgien** mit ihrem zweiten Gatten, dem Grafen Elemér Lónyay. Bei der Prinzessin handelte es sich um keine geringere als die österreichisch-ungarische Kronprinzessin und Witwe von Kronprinz Rudolf, des Sohns von Kaiser Franz Joseph und Kaiserin Elisabeth (Sisi), der sich in Mayerling zusammen mit seiner Geliebten das Leben genommen hatte.

Sie führten eine glückliche – wenngleich nicht standesgemäße – Ehe, lebten gerne auf Karlburg und hatten illustre Gäste zu Besuch, unter ihnen die Friedensnobelpreisträgerin Bertha von Suttner und den österreichischen Thronfolger Franz Ferdinand samt Gattin. Das fernab Wiens gelegene Schloss schien seinen Bewohnern eine willkommene Abwechslung vom starren höfischen Leben in der Hauptstadt zu bieten. Die Prinzessin entwickelte sich zu einer begeisterten Gärtnerin; sie liebte die Natur im Donauauengebiet.

Nach Ende des Zweiten Weltkriegs vererbte das Paar das Anwesen aus Dankbarkeit dem Benediktinerorden von Pannonhalma in Ungarn. Die Mönche verhalfen dem Paar zur Flucht vor den herannahenden Truppen der Roten Armee und brachten sie in das Benediktinerstift, wo sie jedoch beide kurz nach Kriegsende verstarben und in der dortigen Krypta beigesetzt wurden.

Das bis dahin **ungarische Oroszvár** fiel 1948 an die **Tschechoslowakei** und das Schloss geriet in der sozialistischen Ära zusehends in Vergessenheit. Zwar investierte der slowakische Staat nach der Unabhängigkeit etliche Millionen Euro in die **Revitalisierung**, eine Innenbesichtigung ist jedoch bis heute nicht möglich.

Seit vielen Jahren beansprucht die katholische Kirche das Anwesen, das durch die kommunistische Ent-

⌂ Dornröschenschloss: Derzeit kann das Innere von Schloss Karlburg nicht besichtigt werden.

KLEINE PAUSE

Einkehr zwischen Schlosspark und Römerruine

Praktisch zwischen Schlosspark und Ausgrabungsstätte Gerulata gelegen, lohnt sich eine kleine Pause in der Gaststätte **Reštaurácia SL'UK.** Hier werden raffiniert zubereitete slowakische Spezialitäten in modernem Ambiente serviert. Im Sommer kann man auf der Terrasse schön im Freien sitzen.

🕐12 **Reštaurácia SL'UK** €–€€, Balkánska 31, Tel. 00421 918443373, http://restauracia sluk.sk, geöffnet: tägl. 11–22 Uhr

eignung den Benediktinern entrissen worden war, und fordert dessen Rückgabe durch den slowakischen Staat, der sich seinerseits stur zeigt und das Schloss lieber zu Repräsentationszwecken nutzen möchte. Jahrelange Prozesse bis zum Europäischen Gerichtshof waren die Folge. Bis heute konnte man sich nicht auf einen Kompromiss einigen.

Vielleicht wird in näherer Zukunft wieder das ganze Schloss zumindest zeitweise der Öffentlichkeit zugänglich sein, momentan müssen sich die Besucher mit Spaziergängen in der **Parkanlage (Rusovský Park)** zufriedengeben. Das umzäunte Schloss

wird von grimmigen Hunden bewacht, doch der Park entzückt im Frühling und Sommer durch seine versteckten Winkel, Teiche und Bäche, alte Bäume und die Einbeziehung eines Donauseitenarms. Das Schloss mit seiner schönen Löwensäule vor der Hauptfront lässt sich vom Park aus zumindest gut fotografieren.

❯ Vývojová 8, 85110 Bratislava, www. rusovskypark.sk, Anfahrt: mit dem Auto von Petržalka Richtung Rusovce, von Österreich aus über die Landstraße nach Kittsee, von hier über die Grenze Richtung Jarovce und weiter Richtung Rusovce, vom Zentrum Bratislavas mit Bus 90 (siehe Anfahrt Danubiana **35**) bis Kaštieľ Rusovce

34 **Römerkastell Gerulata** ★

Die Bedeutung Bratislavas beziehungsweise seiner Vorgängersiedlungen war bereits den Römern bewusst. Wohl weniger aufgrund der Schönheit der Region, sondern aus strategischen Gründen errichteten sie im heutigen Grenzgebiet zwischen Österreich, der Slowakei und Ungarn eine ganze Reihe von Kastellen, um den Donaulimes nach Norden hin abzusichern. Eines davon hieß Gerulata; einige steinerne Relikte sind bis heute vorhanden.

Gerulata stand in direkter Verbindung mit der mächtigen Garnisons-

033bi-se

stadt **Carnuntum** 44 auf niederösterreichischem Gebiet und dem in Ungarn befindlichen **Ad flexum** (Mosonmagyaróvár). Erst in der jüngeren Neuzeit kamen die fast 2000 Jahre alten Hinterlassenschaften des antiken Weltreichs an die Oberfläche. Speziell in den vergangenen Jahrzehnten konnten der Öffentlichkeit etliche archäologische Ausgrabungen präsentiert werden und seitens der Bevölkerung entwickelte sich ein wieder gewonnener Stolz auf das „kleine Stückchen Imperium Romanum" auf slowakischem Boden.

Die militärische Abwehr von germanischen Quadenstämmen aus dem Norden war sicherlich einer der Aufgabenbereiche der römischen Verteidigungskette – schließlich befand sich im nicht weit entfernten Stillfried an der March eines der größten gegen Rom gerichteten germanischen Bollwerke.

Die Kontrolle des Pressburger Tores zwischen **Hainburg** 42 und Devín 39 hatte für die Römer jedoch nicht nur militärische, sondern insbesondere auch wirtschaftliche Bedeutung. Schließlich kreuzten sich hier zwei bedeutende Handelsrouten – nämlich die über die Donau verlaufende Limesroute und die Bernsteinstraße, welche die Ostsee mit der Adria verband. Bereits Kaiser Claudius (10 v. Chr.–54 n. Chr.) erkannte die Bedeutung der Donaufurt bei Rusovce, weshalb das in jener Zeit keltisch besiedelte Gebiet in den Fokus römischer Bauaktivitäten rückte. In den folgenden Jahrhunderten wurde das Kastell Gerulata mehrfach um- und ausgebaut, ehe es im

◁ *Römische Mauerreste bei der Ausgrabungsstätte Gerulata*

4. Jh. nach Christus seine Bedeutung verlor. Ein Großteil der Bausubstanz ist bis heute unter den Häusern des Stadtteils Rusovce verborgen; einige **Ruinenreste** können jedoch besichtigt werden. Sie befinden sich in unmittelbarer Nähe zur Dorfkirche. Das interessanteste Relikt ist wohl das Fundament eines quadratischen Hauses mit einer Fläche von 30 x 30 m und einem massiven, 2,5 m dicken Mauerwerk. Das **Städtische Museum Bratislava** betreibt auf dem Gelände der Ausgrabungsstätte ein kleines **Ausstellungsgebäude,** in dem wichtige römische Funde ausgestellt sind. Mit den Relikten des österreichischen Carnuntum 44 kann sich das Areal allerdings nicht messen. Ein Besuch lohnt sich lediglich in Verbindung mit dem Schlosspark Karlburg 33 und dem **Danubiana Meulensteen Art Museum** 35.

❯ Antická Gerulata Rusovce, Gerulatska 7, Tel. 00421 2 62859332, www.muzeum. bratislava.sk, geöffnet: Apr.–Okt. Di.– So. 10–17 Uhr, Eintritt: 2,30 €, ermäßigt 1,50 €, Familien 4,60 €

35 Danubiana Meulensteen Art Museum ★★★

Bratislava überrascht und verblüfft seine Besucher stets aufs Neue. So auch in diesem Fall: Welche andere Hauptstadt kann nämlich von sich behaupten, dass sich ihr faszinierendstes Kunstmuseum im grenznahen Niemandsland befindet? Doch nicht trotz, sondern gerade wegen dieser Abgeschiedenheit sollte man die Anfahrt zum Danubiana unbedingt in Angriff nehmen. Hier verbinden sich Flusslandschaft, ein Skulpturenpark und ein lichtdurchflutetes Museum der Extraklasse zu einem einmaligen Erlebnis.

034bl-se

Von Rusovce (s. S. 62) erreicht man das Museum, indem man weiter gen Süden Richtung ungarischer Grenze fährt, kurz davor jedoch links in Richtung Donau abbiegt. Schon die Anfahrt über die gewaltigen Dammanlagen des **Gabčíkovo-Stausee** ist ein Erlebnis. Ein historisches Stadtjuwel findet man auf der schmalen Halbinsel mitten im Wasser zwar nicht, dafür aber eines der schönsten Museen moderner Kunst in Europa.

Es lohnt sich, den Besuch an der frischen Luft im **Skulpturenpark** zu

EXTRATIPP
Kleiner Abstecher nach Ungarn: Mosonmagyaróvár
Nicht weit hinter der slowakisch-ungarischen Grenze und damit gleichzeitig der offiziellen Stadtgrenze von Bratislava liegt die ungarische Stadt Mosonmagyaróvár. Sie bietet eine hübsche Fußgängerzone in der historischen Altstadt, eine Burg und einige Thermalhotels.

beginnen. Ganz an der Spitze steht die Monumentalskulptur „Flügel der Donau" von Peter Pollág. Ein Text erinnert an den Besuch der **niederländischen Königin Beatrix** im Mai 2007. Die Monarchin würdigte mit ihrem Stelldichein die fruchtbare Kunstverbindung der beiden Länder. Denn das im Jahr 2000 eröffnete Museum wäre ohne den Kunstsammler und Mäzen Gerard Meulensteen aus Eindhoven wohl niemals entstanden. Zusammen mit dem slowakischen Galeristen Vincent Polakovič hat er die Vision eines völkerverbindenden Kunsttempels im Dreiländereck von Slowakei, Ungarn und Österreich in die Realität umgesetzt.

Weitere Skulpturen befinden sich auf dem begehbaren Dach des Museums. Aufgrund der großen Entfernung von Autobahn und Hauptstraße herrscht auf der Museumsinsel eine

⌃ *Das Danubiana ist ein Muss für Liebhaber moderner Kunst*

Wildwasserspaß in Čunovo

Auf dem Wassersportgelände Čunovo gleich neben dem Danubiana Meulensteen Art Museum **35** kann man sich einem spritzigen Rafting-Abenteuer und anderen Wassersportarten widmen. Informationen unter: www.divokavoda.sk/en.

fast meditative Stille – lediglich das leise Brummen der Staudammanlagen und die Laute der Wasservögel sind zu vernehmen.

Im Inneren vereint die **Dauerausstellung** unterschiedliche Werke international anerkannter moderner Künstler, wobei slowakische und tschechische Vertreter den Schwerpunkt bilden. Farbenfrohe Gemälde dominieren die Szenerie. Zwischen den Sälen gibt es immer wieder Ausblicke auf Park und Stausee. Alles ist hell und sympathisch. Besonders fasziniert sind viele Besucher von der Installation „Geburt des Niemand" des Künstlers Viktor Frešo. Im Stil einer chinesischen Terrakottaarmee stehen unzählige kleine Männer mit Bierbauch in Reih und Glied und werden ins Unendliche gespiegelt. Nur einer fällt aus der Reihe; den gilt es zu entdecken!

Daneben locken hochkarätige **Sonderausstellungen** Kunstliebhaber aus aller Welt ins Danubiana. Beispielsweise sorgte im Winter 2016/2017 der deutsch-tschechische Künstler Jiří Georg Dokoupil mit seinen Seifenblasen-Gemälden und Rauminstallationen für Begeisterung.

Für das leibliche Wohl sorgt ein schickes **Museumscáfe**, für potenzielle Mitbringsel ein Museumsshop.

❯ Bratislava-Čunovo, Vodné dielo, Tel. 00421 2 62528501, www.danubiana.

sk, geöffnet: Di.–So. 10–18 Uhr, Eintritt: 10 €, ermäßigt 5 €, Familien/zwei Erwachsene und zwei Jugendliche) 20 €

❯ **Anfahrt:** mit dem Auto: vom südlich von Petržalka gelegenen Rusovce (s. S. 62) Richtung ungarischer Grenze nach Čunovo und dort Richtung Dobrohošť links abbiegen. Öffentlicher Verkehr: mit Bus 90 von der Station „Nové SND" (hinter dem Neuen Nationaltheater im Eurovea-Komplex **26**) bis „Čunovo-Danubiana".

36 Fernsehturm Kamzík (Gemsenberg) ★

Der Fernsehturm Bratislavas ist eines der architektonisch interessantesten Gebäude Bratislavas: ein extravagant-selbstbewusstes Beispiel tschechoslowakischer Architektur der sozialistischen Ära – vergleichbar mit der futuristischen SNP-Brücke **23** und wie diese ein bereits von Weitem sichtbares Erkennungszeichen der Stadt. Realisiert wurde das Prestigeprojekt in Form einer **Doppelpyramide** aus Stahlbeton Mitte der 1970er-Jahre.

Ganz bewusst wählte man mit dem **Kamzík** (dt. Gemsenberg) eine der höchsten Erhebungen der Stadt, 433 Meter über dem Meeresspiegel, als Ort für den Fernsehturm aus. Er hat eine Höhe von **200 Metern** und gehört damit nicht zu den längsten Vertretern seiner Gattung – sicherlich aber zu den architektonisch interessantesten und unverwechselbarsten in Europa.

Dennoch eines vorweg: Nur wegen des Fernsehturms lohnt sich der Ausflug an den nördlichen Stadtrand Bratislavas nur bedingt und das hat mehrere Gründe: Zum einen ist der Fernsehturm mit dem Nahverkehr nur relativ kompliziert zu erreichen, zum anderen ist die Aussicht vom Ausflugscafé aus zwar spektakulär – es gibt jedoch keine Freiluftterrasse und der Fernblick durch die Scheiben kann den Freiluftblick letztlich nicht ersetzen. Auch eine Umrundung des Fernsehturms ist leider nicht möglich, sodass man ihn nur von einer Seite aus fotografieren kann. Persönliche Einschätzung des Autors: Für einen wunderbaren Bratislava-Blick allein lohnt sich eher die Fahrt auf das UFO der SNP-Brücke.

Zusammen mit einem Abstecher in das Naherholungsgebiet der Kleinen Karpaten (Koliba) **37** macht ein Besuch aber durchaus Sinn.

Immerhin ist die Liftfahrt hinauf zur **Brasseria** (einer Art Café) auf **68 Meter** Höhe kostenlos; allerdings sollte man im Café zumindest eine Kleinigkeit konsumieren und nicht nach ein paar Fotos sofort wieder den Rückweg antreten. Denn die Szenerie sollte man zumindest eine Zeit lang auf sich wirken lassen: Weit schweift der Blick über die Baumwipfel der Kleinen Karpaten und Bratislava hin-

weg bis hinein in die Donautiefebene Richtung Ungarn und Richtung Wien. Es gibt neben der Brasseria auch ein Restaurant für den etwas gediegeneren Genuss.

In die verschiedenen Himmelsrichtungen strahlen auch die slowakischen Fernseh- und Radioprogramme aus, die vom Fernsehturm Bratislava aus versendet werden. Etliche Radioprogramme kann man sogar westlich von Wien noch in perfekter Qualität empfangen.

> **Restaurant und Brasseria Altitude** €€, Cesta na Kamzík 14, vom Zentrum Bratislavas aus mit dem Trolleybus 203 vom Hodžovo námestie aus erreichbar (gegenüber dem Präsidentenpalais **31**) in Richtung „Koliba", von dort circa 20 Min. zu Fuß, Tel. 00421 2 44256946, www.altitude.sk, geöffnet: tägl. 11–22 Uhr

37 Kleine Karpaten (Waldpark, Koliba, Železná studienka) ★

Bratislava ist zwar im Vergleich zu anderen europäischen Hauptstädten beileibe keine hektische Stadt, dennoch kann es auch hier passieren, dass man sich nach allzu viel urbanem Trubel nach einer Auszeit in der Natur sehnt. Hier sind der **Pressburger Waldpark** (**Koliba**) rund um den **Gemsenberg** (**Kamzík**) **36** sowie das angeschlossene, westlich davon gelegene **Tal Mlynská dolina – Železná studienka** die idealen Naherholungsräume. Wenngleich relativ nahe am Stadtzentrum gelegen, befindet man sich dennoch bereits mitten in einem

035bi-se

◁ *Vom Fernsehturm Kamzík* **36** *aus genießt man einen hervorragenden Fernblick* ausgedehnten Naturschutzgebiet, das zu den Kleinen Karpaten gehört. Insbesondere an heißen Sommertagen bieten der **Mischwald** und die im Bereich Železná studienka gelegenen kleinen **Waldseen** angenehme Kühle; man kann dem Gezwitscher der Vögel lauschen und ausgedehnte Wanderungen unternehmen. Železná studienka bedeutet übersetzt **Eisenbrunnen** beziehungsweise Eisenquelle und war bereits in der ungarisch-österreichischen Monarchie ein beliebtes Ausflugsziel der Pressburger. Selbst Kaiser Ferdinand soll bereits die Heilwirkung des Quellwassers geschätzt haben.

Am Bachlauf der Vydica (Wödritz) befanden sich etliche **Mühlen**, von denen einige bis heute erhalten sind.

Es existiert auch ein **Sessellift**, welcher die Talstation in Cesta mládeže mit der Bergstation in der Nähe des **Fernsehturms Kamzík** 36 verbindet. Auch etliche gastronomische Einrichtungen stehen im gesamten Waldpark zur Verfügung.

Insbesondere für Familien mit Kindern bieten sich viele Freizeitmöglichkeiten. Ferner gibt es Spielplätze. Eine von ihnen ist die Besteigung eines 2016 eröffneten **Holzturms**, von dem aus man einen schönen Blick auf Bratislava genießt. Die Lichtung mit dem Turm befindet sich etwa 500 Meter südwestlich vom Fernsehturm.

Um das gesamte Waldpark-Areal zu Fuß zu erkunden, lohnt es sich, mit einem Nahverkehrszug bis zum **Bahnhof Železná studienka** zu fahren und von dort auf Wanderwegen Richtung Kamzík zu marschieren beziehungsweise ein Stück mit dem Sessellift zu absolvieren. Auf der Straße verkehrt auch die Buslinie 43 zwischen Železná studienka und der Talstation des Lifts. Vom Parkplatz nahe dem Fernsehturm führt ein Waldweg in südlicher Richtung durch den Wald und eine Schrebergartensiedlung bis zur Bushaltestelle „Nár. onkolog. ústav", von wo aus regelmäßig Busse Richtung Innenstadt verkehren. Es besteht auch die Möglichkeit, im Rahmen eines ausgedehnten Ausflugs durch den Waldpark bis zum **Marienwallfahrtsort Marianka** 41 zu wandern (ca. 12 km für die einfache Strecke).

- 13 Holzturm
- 14 Bahnhof Železná studienka

38 Zoo Bratislava ★★

So berühmt wie der Tiergarten Schönbrunn im benachbarten Wien ist der Zoo von Bratislava freilich nicht. Auch beherbergt er deutlich weniger Arten. Aufgrund verschiedener Bauprojekte musste die Fläche der 1960 eröffneten Anlage sogar zweimal verkleinert werden. Nur langsam hat sich der Tierpark von diesen massiven Beschneidungen erholt. Die Gesamtfläche beträgt jedoch insgesamt immer noch stattliche 96 Hektar, auf denen es etwa 150 Tierarten mit insgesamt mehreren Hundert Vertretern zu bewundern gibt.

Familien und Tierparkliebhaber werden hier auf jeden Fall auf ihre Kosten kommen. Insbesondere der Eintrittspreis kann sich sehen lassen – verglichen mit Schönbrunn beträgt er nur etwa ein Drittel. Unter den tierischen Bewohnern befinden sich unter anderem südafrikanische Löwen, weiße Tiger, Zebras und Giraffen, Bären, Luchse, Flusspferde, jede Menge gefiederte Vertreter wie Flamingos und Pelikane sowie Reptilien, Amphibien und Fische. Lediglich Elefanten wird man vergeblich suchen. Größter Bewohner ist das **Nashorn**.

Besonderen Wert legt man im Zoo auf das **Wolfsgehege** mit derzeit sechs Tieren, welches in Zukunft noch artgerechter ausgebaut werden soll.

Insbesondere junge Dinosaurierfans werden im Zoo auf ihre Kosten kommen: Im hinteren Teil erwartet sie ein riesiger **Dino-Park** mit Modellen der ausgestorbenen Reptilien in Lebensgröße. Zusätzlich existieren zwei Spielplätze, ein Souvenirshop und in der warmen Jahreszeit ein gastronomisches Angebot.

❭ Mlynská dolina 1A (direkt unterhalb der Autobahnbrücke der E65), Buslinien 30, 31, 32, 37, 39, 92 bis „Zoo", Tel. 00421 2 60102111, www.zoobratislava.sk, geöffnet: April–Sept. 9–19 Uhr (letzter Einlass 18 Uhr), März, Okt. 10–17 Uhr (letzter Einlass 16 Uhr), Nov.–Feb. 10–16 Uhr (letzter Einlass 15 Uhr), Eintritt: 5 €, Kinder bis 15 Jahre 3,50 €, zwischen Okt. und März 1 € günstiger

39 Burg Devín (Hrad Devín) ★★★

Die deutsche Bezeichnung für Devínsky hrad lautet Burg Theben, hier deutet sich bereits die Symbolcharakter dieses für die Slowaken so bedeutenden Orts an. Der Name wird von manchen Autoren vom slawischen Wort für Magd oder Mädchen hergeleitet, andere verbinden ihn mit der altslawischen Göttin Deva, was diesen Ort als vorchristliche Kultstätte markieren würde. Seit 1961 ist die Burg Devín, von der aus man einen fantastischen Ausblick genießt, ein (tschecho)slowakisches Nationaldenkmal.

Sicherlich spielte die exponierte Felsnadel bereits seit Jahrtausenden eine bedeutende Rolle, gerade angesichts der geografisch wichtigen Flussmündung, welche die **Grenze zwischen der Slowakei und Österreich** bildet. Bis 1989 verlief hier mitten im Fluss der Eiserne Vorhang; heute tauschen sich die Fischer über die Ufer hinweg aus oder man besucht sich kurz mit dem Boot.

Inwieweit die Burg Devín das Herz eines frühmittelalterlichen großmährischen Reiches und somit gleichzeitig die Keimzelle des slowakischen Volkes darstellt, wie es der **Nationalmythos** gerne für sich in Anspruch nimmt, ist wissenschaftlich umstritten. Ebenso wie auf der Burg von Bratislava dürften aber auch hier verschiedene Völker Ausschau nach Feinden gehalten haben und die Bewohner wechselten sich über die Jahrhunderte immer wieder ab.

Gesicherter wird die Quellenlage erst mit Beginn der ungarischen Herrschaft über die Region ab ca. 1000 n. Chr.; bedeutende Adelsgeschlechter machten es sich hoch über der Donau bequem. Schuld daran, dass die Thebener Burg heute nur noch aus Ruinen besteht, sind Napoleonische Truppen, welche die Anlage 1809 in die Luft sprengten. Vielleicht verleiht aber gerade dieses etwas verwitterte Ruinen-Ensemble der Burg ihren romantischen Charme. Besonders das Türmchen auf einer dünnen, nur wenige Meter breiten Felsnadel, der sagenumwobene Jungfrauenturm, ist ein beliebtes Fotomotiv und diente bereits in früheren Jahrhunderten berühmten Malern als Vorlage.

Im romantisch geprägten 19. Jahrhundert wurde der Grenzfelsen auch gerne mythologisch verklärt; teilweise benutzte man ihn auch zur Untermauerung politischer Interessen: So zelebrierte etwa Ľudovít Štúr, der Vorreiter des slowakischen Nationalismus, im Rahmen einer wallfahrtsar-

036bl.se

tigen Besteigung der Ruine im Jahre 1836 zusammen mit Gleichgesinnten die Bedeutung Devíns als slawisches Nationalheiligtum im Sinne des Panslawismus.

Die Ungarn dagegen reklamierten die Anhöhe für sich und manifestierten ihren historischen Besitzanspruch durch das Aufstellen einer sogenannten Árpád-Säule. Diese nahm auf den magyarischen Volkshelden Árpád Bezug, der um das Jahr 900 die Region unter ungarische Kontrolle brachte. Nach der Niederlage Österreich-Ungarns im Ersten Weltkrieg wiederum sprengten tschechische Legionäre die Säule 1918 in die Luft. Nach der nationalsozialistischen Machtergreifung wurde die Burg schließlich infolge des Münchner Abkommens 1938 samt den umliegenden Dörfern, in denen großteils Deutsch gesprochen wurde, dem Deutschen Reich einverleibt. Nach dem Zweiten Weltkrieg fiel Devín wieder an die Tschechoslowakei; heute ist die Burg ein Aushängeschild der Slowakei. Wenngleich alle sie schon einmal besitzen wollten – egal ob Kelten, Römer, Germanen, Slawen oder Ungarn –, die einzige geschichtliche Konstante des umkämpften Mündungssporns ist wohl seine jahrtau-

sendealte Zugehörigkeit zur europäischen Urmutter Donau und ihrer kleinen Schwester, der March.

Zwar besitzt Devín bis heute für die Ungarn, insbesondere jedoch für die Slowaken, eine gewisse **identitätsstiftende Bedeutung**, doch haben Nationalismen im vereinten Mitteleuropa derzeit keine übergeordnete Bedeutung. Slowaken, Deutsche, Österreicher, Ungarn und Touristen aus aller Herren Länder bestaunen vereint und friedlich dieses einzigartige Natur- und Kulturjuwel.

Oben auf dem Gipfelplateau wird einem die grenzüberschreitende Bedeutung angesichts des herrlichen Blicks auf die zwei sich vereinenden Flüsse besonders deutlich. Der im Hochsommer etwas schweißtreibende Aufstieg lohnt sich auf jeden Fall, wenngleich einige Bereiche wegen Einsturzgefahr saniert werden und deshalb nicht betreten werden können. Insbesondere kommen hier auch Familien mit Kindern auf ihre Kosten; im Sommer gibt es unter-

⌂ Direkt an der Mündung der March in die Donau thront auf einem Felssporn die Burgruine Devín

schiedliche Spielstätten für die kleinen Ritter und Burgfräulein.

Geschichtlich besonders interessant sind die Relikte einer **Basilika** aus dem 9. Jahrhundert. Man geht davon aus, dass sie von frühchristlichen Slawen in der Epoche des Großmährischen Reiches errichtet worden ist. Möglicherweise war sie eines der ersten christlichen Gotteshäuser auf slowakischem Boden. Unweit der Kirche informiert ein kleines, in einem ausgebauten Höhlenraum untergebrachtes Museum über die Geschichte von Devín.

Wer den Eintritt sparen und den Felsen nicht besteigen möchte, kann ihn auch im Bereich der March-Donau-Mündung ein Stück weit umrunden.

Von oben wie von unten betrachtet fallen die vielen markanten Höhlen auf. Einige von ihnen wurden wohl schon in grauer Vorzeit genutzt – sei es als Versteck, Vorratskammer oder zu kultischen Zwecken.

Direkt am Ufer der March wurde nach der Wende ein **Denkmal** mit dem Namen **Tor der Freiheit** errichtet, das an die Toten des Eisernen Vorhangs erinnert. Ein bedrückender Ort, der einem die Unfreiheit an diesem eigentlich so idyllischen Ort schmerzhaft vor Augen führt und gleichzeitig an den Wert dieser wiedergewonnenen offenen Grenze im Herzen Europas erinnert.

❯ Muránska ulica 1, Tel. 00421 2 65730105, geöffnet: Mai–Sept. Di.–Fr. 10–17, Sa./So. 10–19 Uhr, Okt.–April Di.–So. 10–17 Uhr, Eintritt: 4 €. Unterhalb der Burg gibt es **zwei Kioskgaststätten,** in denen man u. a. bei einem süffigen slowakischen Bier seinen Durst stillen kann.

❯ **Anreise:** Man erreicht die Station Devín (nicht in „Devín-záhrady" aussteigen!)

und den Sandberg **40** mit Bus 28 entweder vom Grenzbahnhof „Devínska Nová Ves" aus oder vom zentralen Omnibusbahnhof in Bratislava („Staré Mesto", „Nové SND"), der sich unterhalb der Martinskirche an der Donaubrücke befindet.

❯ Obwohl der Ort an der Marchmündung mitten in der Natur liegt, gehört er ebenso wie der Grenzort **Devínska Nová Ves** offiziell zum Stadtgebiet von Bratislava, weshalb auch die Busfahrt dorthin zumindest am ersten Tag **im Bratislava-Ticket der ÖBB enthalten** ist (s. S. 113).

(s. S. 113)

EXTRATIPP

Fruchtige Spezialität: der Thebener Ribiselwein

Dieses Schmankerl, das insbesondere in den Gärten rund um Devín **39** produziert wird, sollte man sich auf keinen Fall entgehen lassen. Ribisel ist ein Synonym für Johannisbeeren, das vor allem in Österreich gebräuchlich ist. Während der Saison zwischen Frühling und Herbst wird der Beerenwein an diversen kleinen Ständen meist von jungen Bäuerinnen aus der Gegend angeboten. Man darf auch gerne ein Schlückchen kosten. Besonders all jene Gaumen, die es gerne süß und fruchtig mögen, werden begeistert sein. Angeblich kommt der Fruchtwein besonders beim weiblichen Geschlecht gut an.

Der Beerenwein soll seinen Siegeszug im 19. Jahrhundert angetreten haben, nachdem ein Krankheitserreger den mitteleuropäischen Weinreben starken Schaden zugefügt hatte. Ein gewisser Alois Sonntag trieb ab 1922 in großem Stile die Produktion des Getränks voran und machte den *Devínsky ríbezlák* (Thebener Ribiselwein) zu einer überregional bekannten Spezialität, welche sich zudem gut als Mitbringsel eignet.

❹ Sandberg/Thebener Kogel (Devínska Kobyla) ★★

Tipp für Natur- und Wanderfreunde: Nicht weit entfernt von Burg Devín ❸❾ liegt am Westhang des 514 Meter hohen **Thebener Kogels**, der einen Teil der Kleinen Karpaten bildet, der **Sandberg** – eine einzigartige, unter Naturschutz stehende Landschaftsformation. Besonders an sonnigen Tagen bilden die klippenartigen Sandfelsen im Frühling und Sommer mit ihren von der Natur geformten Dünen und Höhlen einen faszinierenden Kontrast zum bunten Blütenteppich und den dunkelgrünen Sträuchern rundherum. Der Sandberg ist ein **wahres Schatzkästchen der Erdgeschichte.** Die 15 Millionen Jahre alten Gesteinsschichten aus dem Tertiär brachten bereits Fossilien von über 300 Tierarten zum Vorschein.

Doch nicht nur die Natur hat diesen Ort geprägt, auch Menschen besiedeln den Thebener Kogel seit Jahrtausenden. Somit gehört die Anhöhe über der March-Donau-Mündung zu einem der ältesten Siedlungsgebiete Mitteleuropas. Wenn man den Sandberg schließlich erklommen hat (Vorsicht: steile Abbrüche und keine Sicherungen oder Absperrungen!), kann man nachvollziehen, warum unsere Vorfahren sich hier wohlfühlten. Es ist einfach ein paradiesisches Fleckchen Erde mit **herrlichem Weitblick** auf das Marchfeld, auf Schloss Hof ❹❸ und bei guter Sicht bis nach Wien; in südlicher Richtung fließt die March in die Donau und man erspäht die Burg Devín auf ihrem Felssporn. Einen Kontrast zu dieser Urlandschaft bilden die Plattenbauten von Devínska Nová Ves, dem modernen Vorort von Bratislava.

▽ *Einzigartiges Naturjuwel und Schaufenster in die Urzeit: der Sandberg*

037bise

Es existiert übrigens ein blau markierter **Wanderweg**, der den Sandberg mit der Burg Devín verbindet (ca. eine Stunde Gehzeit). Ebenfalls in einer Stunde erreicht man über eine Fußgänger- und Radfahrerbrücke über die March Schloss Hof **43**.

› Anreise: **Bus 28** von der Burg Devín aus vier Stationen in Richtung „Devínska Nová Ves/Opletalova" fahren, aussteigen bei Station „Na hriadkach" (nicht Station Sandberg), von hier aus die Straße **Primoravská** hinauf bis zur Pension Helios und dann rechts in die Straße **Slovinec** abbiegen, die bis zum Naturschutzgebiet führt

41 Marienwallfahrtsort Marianka ★★

Nicht nur für gläubige Christen ist dieser Ort am Fuße der Kleinen Karpaten einen Abstecher wert. Der Ort mit seiner **Heilquelle** strahlt eine ganz besondere Spiritualität aus.

Bei dem nur wenige Kilometer nördlich von Bratislava gelegenen Marianka (Mariatal) – eingebettet in die Ausläufer der Kleinen Karpaten – handelt es sich um den **ältesten Marienwallfahrtsort** in der Slowakei.

Es gibt mehrere Gründungslegenden, die aber alle denselben Kern in sich tragen: Um das Jahr 1030 soll

Leibliche Genüsse in Marianka

🍴15 Restaurant und Pension **Pútnický Mlyn** €€, Námestie 4. apríla 1, Tel. 00421 2 65934386, www.putnickymlyn.sk, geöffnet: Do.–Mo. 11–22 Uhr (So. bis 21 Uhr). Nach den seelischen Erquickungen kann man sich in diesem nahe der Wallfahrtskirche gelegenen Lokal mit slowakischen Gerichten körperlich stärken.

ein **Einsiedler** eine **Marienstatue** geschnitzt und diese aufgrund kriegerischer Auseinandersetzungen in einem hohlen Baumstamm versteckt haben. Im Jahr 1300 soll dann ein blinder Bettler durch himmlischen Beistand im Wald eine Quelle gefunden haben, konnte nach dem Waschen seiner Augen wieder sehen und entdeckte die Marienstatue neben dem Quellheiligtum, woraufhin er die Statue auf einer Holzsäule platzierte und damit den Beginn der Wallfahrt einleitete.

Einer anderen Variante zufolge soll hier ein Räuber seine zwei kranken Kinder in der Quelle gebadet haben, woraufhin diese wieder gesund wurden und der Räuber seine bisherige Tätigkeit aufgab und sein Leben stattdessen dem Dienste Gottes widmete.

Wie dem auch sei: Seit Jahrhunderten vertrauen die Menschen auf die heilenden Kräfte dieses wundersamen Ortes: so auch der ungarische König Ludwig I., welcher am 16. Mai 1367 den Grundstein zur ersten Wallfahrtskirche unter Leitung des Paulinerordens legte, der hier ein Kloster gründete.

Besonders in der Barockzeit erlebte Marianka eine Blüte. In dieser Epoche entstanden die Brunnenkuppel (17. Jahrhundert), die St.-Anna-Kapelle (frühes 18. Jahrhundert) und sechs kleine Kapellen, die den Weg zur Quelle flankieren. Die einst gotische **Kirche Mariä Geburt** wurde barockisiert.

Der aufklärerische Kaiser Joseph II. bereitete dem Wallfahrtsort 1786 zwischenzeitlich ein jähes Ende und ließ das Kloster plündern, woraufhin es mehr und mehr verfiel. Mit der **Kongregation der Tröster von Gethsemani (CCG)** waren ab 1927 wieder Mönche in Marianka ansässig; zwischen 1930 und 1936 entstand der eindrucksvolle Kreuzweg mit seinen lebensgroßen Skulpturen. Während des Zweiten Weltkriegs und unter der kommunistischen Herrschaft wurde es wieder ruhig um den Ort, ehe ihn viele Menschen ab 1990 wieder für sich entdeckten.

Marianka ist nicht nur für Wallfahrer einen Besuch wert, auch weniger religiöse Menschen genießen dort die Ruhe und die positive Schwingung, die der Kraftort bis heute ausstrahlt.

> **Anfahrt:** Man erreicht Marianka mit dem Auto über die parallel zur Autobahn verlaufende Landstraße Nr. 2 Richtung Stupava, biegt am Ortsende von Záhorská Bystrica rechts ab und folgt der Beschilderung nach Marianka. Der heilige Bezirk liegt am Ortsende.

Ausflug ins österreichische Grenzgebiet

Bratislava ist seit dem Fall des sogenannten Eisernen Vorhangs wieder dorthin gerückt, wo es sich bereits vor Jahrhunderten befand: im Herzen Mitteleuropas! Die Stadt ist außerdem in gewisser Weise eine Dreiländerstadt – historisch, geografisch und kulturell: Sowohl Ungarn als auch Österreich sind nur einen Steinwurf entfernt. Speziell im österreichischen Grenzgebiet können einige touristische Leckerbissen entdeckt werden, die sich bequem mit einer Bratislava-Reise kombinieren lassen: das malerische und geschichtsträchtige Städtchen Hainburg an der Donau **42**, *das monumentale Barockschloss Hof* **43** *und Carnuntum* **44**, *das größte österreichische Römerlager mit seinem faszinierenden Heidentor.*

42 Hainburg an der Donau ★

Wenn Wien die große österreichische Schwester von Bratislava ist, dann könnte man Hainburg als ihre kleine Schwester bezeichnen. Genau wie das unweite Devín **39** mit dem Thebener Kogel **40** und Bratislava mit seinem Burgberg ist auch Hainburg seit Urzeiten besiedelt, bildet es doch mit dem Braunsberg den südlichen Teil der sogenannten Thebener beziehungsweise Hainburger Pforte, jenem strategisch so bedeutsamen Donaudurchbruch Richtung Ungarn.

In Hainburg ist eine **Stadtbefestigungsanlage** mit drei Toren und 15 Türmen aus dem 13. Jahrhundert erhalten geblieben. Sie zählt zu den ältesten und am besten erhaltenen Stadtbefestigungen Europas. Das **Wiener Tor** aus dem Jahr 1235 ist das größte erhaltene mittelalterliche Stadttor des Kontinents. In der Stadt lohnt ein Besuch der barocken **Philippus-und-Jakobus-Kirche** und der **modernen Martin-Luther-Kirche** – entworfen vom weltweit bekannten Architektenbüro Coop Himmelb(l)au. Außerdem kann man die uralte **Höhenfestung Heimenburg** besteigen, der die Stadt ihren Namen verdankt.

KLEINE PAUSE

Schlemmen am Fuße des Braunsbergs

16 Karnunt €€, Braunsbergstraße 1, Tel. 0043 69917298753, www.karnunt.at, geöffnet: Mi.–So. 10–23 Uhr. Hervorragende österreichische Küche und gute Weine aus der Region.

Auf keinen Fall sollte man eine Fahrt auf den markanten Hausberg der Stadt, den **Braunsberg**, auslassen. Hier oben finden sich noch die Reste einer keltischen Höhensiedlung und man genießt einen wunderbaren Blick auf Bratislava, die Kleinen Karpaten und in die Pannonische Tiefebene. Bei guter Witterung sieht man sogar die Umrisse von Wien.

> Anfahrt mit dem Auto: Vom Grenzübergang Berg sind es über die B9 etwa 10 Kilometer bis Hainburg. Seit einigen Jahren existiert eine **Fährverbindung** zwischen Hainburg, Devín **39** und Bratislava. Nähere Informationen zu Fahrplänen und Tarifen gibt es unter www.event-schifffahrt.at/faehrverbindung.

43 Schloss Hof ★★

Direkt vor den Toren Bratislavas steht unmittelbar westlich der March mit Schloss Hof eines der schönsten Barockschlösser Mitteleuropas, welches sich seinen Status als echter Geheimtipp bis heute erhalten hat. Dass es nicht solche Touristenmassen anzieht wie etwa die Wiener Schlösser Schönbrunn oder Belvedere, liegt vermutlich einzig und allein an dem von Wien aus gesehen vergleichsweise abgelegenen Standort im äußersten östlichen Grenzgebiet. Für Bratislava-Touristen ist Schloss Hof dagegen nur einen Katzensprung entfernt und lohnt einen Ausflug allemal.

Pressburgs glanzvolles Liebespaar: Marie Christine und Albert

Freilich, von der heutigen Popularität her kann die Ehe von Marie Christine, der Tochter Maria Theresias, mit Herzog Albert von Sachsen nicht mithalten mit jener von Sisi (Elisabeth) und Kaiser Franz Joseph. Doch in der Zeit des Spätbarocks sorgte die Liebesgeschichte der beiden Adelssprösslinge für ein ähnliches Aufsehen wie jene des 19. Jahrhunderts. Es war wohl tatsächlich eine Liebesheirat, die der Sachsenherzog mit Maria Theresias Lieblingstochter eingegangen ist – eine seltene Ausnahme in einer Zeit, in der Hochzeiten des Hochadels in der Regel nach pragmatisch-machtpolitischen Überlegungen geschlossen wurden. Nicht von ungefähr kam schließlich der Spruch „Tu felix Austria nube" (Du, glückliches Österreich, heirate).

*Die prunkvolle Hochzeit der beiden fand in und um Pressburg statt, da Herzog Albert seit Ende 1765 als Stadthalter von Ungarn auf der dortigen Burg residierte. Am 2. April 1766 verlobten sich die beiden - Marie Christine zählte 24 Jahre, Albert war nur wenige Jahre älter –, die sich bereits ein paar Jahre kannten und sich längst mehr als nur sympathisch fanden. Nur wenige Tage später fand am 8. April schließlich das große Ereignis statt - allerdings nicht in der üblichen Fröhlichkeit des Barock, da kurz zuvor Maria Theresias Gemahl, Franz Stephan von Lothringen, plötzlich und unerwartet in Innsbruck verstorben war. Die Festgäste waren deshalb - mit Ausnahme des Brautpaares - in Schwarz gekleidet; Marie Christine trug ein traumhaftes perlenbesetztes weißes Hochzeitskleid, ihr Gemahl eine Uniform. Die kirchliche Trauung wurde in der Kapelle des nahe an Pressburg gelegenen Schlosses Hof **43** zelebriert. Kurz darauf hielt das frisch vermählte Paar Einzug in Pressburg*

Jene, denen das Schloss ein Begriff ist, nennen es häufig in einem Atemzug mit dem vielleicht bedeutendsten Feldherren der Donaumonarchie, **Prinz Eugen von Savoyen** (1663–1736). Zwar gab es auf dem Terrain am Marchufer bereits einige Jahrhunderte vor Lebzeiten des schillernden Prinzen eine Adelsfestung; erst mit dem Erwerb der Anlage durch Eugen von Savoyen 1725 aber entstand jenes prächtig-anmutige Barockensemble, wie es sie sich größtenteils auch heute noch dem Publikum präsentiert.

Der Held in den Schlachten gegen die Türken beauftragte keinen Geringeren als den renommierten Bau-

meister **Johann Lucas von Hildebrandt** – seines Zeichens auch verantwortlich für Schloss Belvedere in Wien – mit dem Bau des Jagdschlosses samt prunkvoller Gartenanlage.

Einige Jahre nach dem Ableben des Prinzen ging das Schloss in den Besitz der habsburgischen Kaiserfamilie über und entwickelte sich während der Regentschaft Maria Theresias zu einem Fixpunkt höfischen Lebens und Feierns. Einer der glanzvollen Höhepunkte war die **Hochzeit von Maria Theresias Tochter Marie Christine mit dem Herzog Albert von Sachsen**, der von seiner Schwiegermutter zum Statthalter Pressburgs ernannt worden war (siehe Exkurs links).

Mit dem Ende der Epoche des Barock begann auch der schleichende Bedeutungsverlust des Schlosses. Im 19. Jh. diente es als militärische Ausbildungsstätte, im Zweiten Weltkrieg als Reit- und Fahrschule der Wehrmacht und in der Nachkriegszeit als Herberge für Soldaten der Roten Armee. Die Jahre der Unkultur haben natürlich Spuren an dem Juwel hinterlassen, welche erst in den vergangenen Jahrzehnten wieder ausgebessert worden sind. Im Rahmen umfassender **Revitalisierungsmaßnahmen,** die bis heute andauern, wurde Schloss Hof aus seinem Dornröschenschlaf erweckt. Mittlerweile erstrahlt es wieder im Glanz des 18. Jahrhunderts.

Für die Besichtigung der gesamten Anlage sollte man sich zwei bis drei Stunden Zeit nehmen.

Im ersten Stock befinden sich die **Prunkräume,** eine Prinz-Eugen-Ausstellung und die Kapelle des Schlosses mit dem farbenprächtigen Fresko von Carlo Innocenzo Carlone.

Ein Paradies für Gartenliebhaber ist der in sieben Terrassen gegliederte

und genoss sein Glück in den frisch modernisierten Räumlichkeiten der Burg **⑳** *in vollen Zügen. Von seiner Schwiegermutter mit dem Herzogtum Teschen (Österreichisch-Schlesien) und 100.000 Goldgulden als Aussteuer reichlich ausgestattet, konnte der kunstsinnige und der Aufklärung nahestehende Albert seiner Gemahlin und sich ein unbeschwertes Leben ermöglichen.*

Doch Schicksalsschläge machten auch vor dem vermeintlichen Traumpaar nicht halt: Das einzige Kind verstarb kurz nach der Geburt und auch Marie Christine sollte nicht das Alter ihrer Mutter erreichen. Sie verstarb im Alter von 56 Jahren in Wien. Ihr zu Tode betrübter Gemahl ließ ihr vom italienischen Künstler Antonio Canova ein prächtiges Grabdenkmal (Kenotaph) errichten, welches man in der Wiener Augustinerkirche besichtigen kann.

Schlosspark mit seinem reichen barocken Skulpturenschatz.

Nicht nur für Kinder spannend: der **Gutshof** mit seinen tierischen Bewohnern – unter ihnen ein seltener weißer Esel, osmanische Trampeltiere, Pferde und Vierhornziegen. Sehr beliebt sind bei Besuchern auch die regelmäßig stattfindenden Oster- und Weihnachtsmärkte.

› Schloss Hof 1, A-2294 Schloßhof, Tel. 0043 228520000, www.schlosshof. at, geöffnet: Jan.–Mitte März Sa./So. und feiertags 10–16 Uhr, Mitte März–Nov. tägl. 10–18 Uhr, im Advent an den Wochenenden, Eintritt: 13 €, Kinder und Jugendliche 6–18 Jahre 8 €, **Tipp:** Mit dem Fahrrad oder zu Fuß kann man Schloss Hof über eine relativ neue Brücke über die March erreichen und den Besuch mit einem Ausflug zur Burgruine Devín **39** kombinieren.

44 Carnuntum ★★

Der Archäologische Park Carnuntum umfasst ein rund 10 km² großes Areal in der Umgebung der Ortschaften Petronell und Deutsch-Altenburg in Niederösterreich nahe der slowakischen Grenze, auf dem bislang erst circa 0,5 % der Bausubstanz der einstigen Römersiedlung ausgegraben worden sind. Sein Zentrum befindet sich im sogenannten **Spaziergarten des Schlosses Petronell**. Zehn Gehminuten entfernt liegt das **Amphitheater.** Wahrzeichen der Region ist das weitere zehn Minuten entfernte **Heidentor** mitten in einem Feld (Beschilderung und Parkplatz). Es ist das größte und beeindruckendste römische Monument in ganz Österreich und kann das ganze Jahr über kostenlos besichtigt werden, der Archäologische Park mit einem zweiten Amphitheater kostet Eintritt. Darüber hinaus in-

formiert das **Museum Carnuntinum** in Bad Deutsch-Altenburg über die römische Geschichte der Region; dort sind wertvolle Funde aus Bernstein ausgestellt.

Carnuntum war in der Antike eine der wichtigsten Metropolen des römischen Reiches. Neueste wissenschaftliche Erkenntnisse zur Bedeutung und zum zivilisatorischen Niveau des römischen Carnuntum flossen in die Präsentation der Überreste der ehemaligen Großstadt ein. Weltweit einmalig wurden im **Archäologischen Park Carnuntum** die wesentlichsten architektonischen Typen eines römischen Stadtviertels am Originalstandort funktionstüchtig mit den Mitteln der experimentellen Archäologie rekonstruiert: ein Bürgerhaus, ein römisches Stadtpalais und eine öffentliche Thermenanlage öffnen ein Zeitfenster in die Epoche des frühen 4. nachchristlichen Jahrhunderts.

› Freilichtmuseum Petronell – Archäologischer Park Carnuntum, 2404 Petronell-Carnuntum, Hauptstraße 1a, Tel. 02163 33770, www.carnuntum.co.at, geöffnet: 21.3.–15.11. tägl. 9–17 Uhr, Eintritt: 11 €, ermäßigt 9 €, Kinder 11–14 Jahre 6 €, **Anfahrt:** über die B9 (Pressburger Bundesstraße, Richtung Hainburg an der Donau) bis Petronell-Carnuntum oder Bad Deutsch-Altenburg, Fahrzeit: ca. 15 Min.

074tbi.se

BRATISLAVA ERLEBEN

Bratislava für Kunst- und Museumsfreunde

Museen

🏛17 [B6] **Archäologisches Museum (Archeologické múzeum)**, Žižkova 12, Straßenbahn 4, 6 bis „Most SNP", Tel. 00421 2 59207218, www.snm.sk, geöffnet: Di.–So. 10–17 Uhr, Eintritt: 3 €, ermäßigt 1,50 €. Die Slowakei und insbesondere die Gegend rund um Bratislava sind uraltes Siedlungsgebiet. Diese Abteilung des slowakischen Nationalmuseums präsentiert in ihren Sammlungen Schätze und archäologische Funde, die von der frühen Steinzeit bis ins 13. Jh. reichen.

㉟ **Danubiana Meulensteen Art Museum.** Einzigartiges Museum moderner Kunst auf einer Donaustausee-Halbinsel im äußersten Süden Bratislavas inklusive Skulpturenpark im Freien. Die kleine Weltreise an die ungarische Grenze lohnt sich (s. S. 65)!

⑳ [C5] **Historisches Museum (Historické múzeum).** In den repräsentativen Räumlichkeiten der Burg informiert das Slowakische Nationalmuseum über die Geschichte der Region vom Mittelalter bis in die Gegenwart (s. S. 40).

🏛18 [D5] **Johann-Nepomuk-Hummel-Museum (Múzeum Johanna Nepomuka Hummela)**, Klobučnícka 2, Straßenbahn bis „Nám. SNP", Tel. 00421 2 54433888, www.muzeum.bratislava.sk, geöffnet: Di.–Fr. 10–17, Sa./So. 11–18 Uhr, Eintritt: 3,30 €, ermäßigt 1,50 €. Das Museum widmet sich dem Leben und Wirken des Pressburger Komponisten (s. S. 32). Historische Instrumente gehören ebenso zur Ausstellung wie Aufzeichnungen aus dem Nachlass des Musikgenies.

◁ *Vorseite: Geschäftige Touristenmeile: die Michalská ulica* ❷ *mit dem Michaelertor* ❶

㉑ [B6] **Museum der Kultur der Karpatendeutschen (Múzeum kultúry karpatských Nemcov).** Die deutschsprachige Bevölkerung bildete viele Jahrhunderte lang die Mehrheit im alten Pressburg. In dem kleinen, schönen Museum unterhalb der Burg kann man sich auf den Spuren der Deutschen in der Stadt bewegen (s. S. 43).

⑩ [D5] **Museum der Stadtgeschichte Bratislavas im Alten Rathaus.** Das Museum mitten im Herzen der Altstadt spannt einen Bogen von frühesten archäologischen Funden über das mittelalterliche Pressburg, die Stadt als ungarische Krönungsmetropole bis in die Gegenwart als slowakische Hauptstadt. Nebenbei bietet sich vom Turm aus eine schöne Aussicht über den Hauptplatz ❾ (s. S. 28).

🏛19 [C5] **Museum für jüdische Kultur (Múzeum židovskej kultúry)**, Židovská 17, Straßenbahn 1, 5, 9, 10 bis „Kapucínska", Tel. 00421 2 59349142, www.snm.sk, geöffnet: So.–Fr. 11–17 Uhr, Eintritt: 7 €, Kinder und Studenten bis 24 Jahre 2 €, jeden ersten Sonntag im Monat frei. Jahrhundertelang prägten Juden die Geschichte Pressburgs mit. Das Museum im ehemaligen Judenviertel gewährt interessante Einblicke in eine teils verloren gegangene Welt. Siehe hierzu auch den Exkurs auf S. 45.

🏛20 [D5] **Museum für Weinkultur (Múzeum vinohradníctva)**, Radničná 1, Tel. 00421 2 59100856, www.muzeum.bratislava.sk, geöffnet: Di.–Fr. 10–17, Sa./So. 11–18 Uhr, Eintritt: 4 €, ermäßigt 2 €, Familien 8 €, Kombi-Ticket mit Historischem Museum der Stadt Bratislava im Alten Rathaus ⑩: 6 €, ermäßigt 3 €, Familien 12 €. Die Gegend um Bratislava blickt auf eine alte Weinbautradition zurück. Das Museum ist im Erd- und Kellergeschoss des altehrwürdigen

Barockpalais Apponyi aus dem 18. Jahrhundert untergebracht.

21 [E6] **Naturhistorisches Museum (SNM-Prírodovedné múzeum),** Vajanského nábrežie 2, Straßenbahn, Tel. 00421 2 20469122, http://prirodovedne.snm.sk, geöffnet: Di.–So. 9–17 Uhr, Juli/Aug. Sa. bis 17 Uhr, Eintritt: 4 €, ermäßigt 2 €, Familien 6 €. Das Naturhistorische Museum ist Teil des Slowakischen Nationalmuseums und zählt mit rund 3,8 Millionen Objekten zu einem der bedeutendsten Naturhistorischen Museen Europas.

22 [D5] **Pharmaziemuseum (Múzeum farmácie),** Michalská 26, Tel. 00421 2 54131214, www.muzeum.bratislava.sk, geöffnet: Di.–Fr. 10–17, Sa./So. 11–18 Uhr, Eintritt: 4,30 €, ermäßigt 2,50 €, Familien 8,60 €. Die Ausstattung der ehemaligen Apotheke Zum Roten Krebs direkt beim historischen Michaelertor ❶ ist größtenteils im Original erhalten. Zu den Exponaten zählen neben pharmazeutischer Literatur unter anderem Waagen und Geräte sowie Fayence-, Steingut-, Holz-, Porzellan- und Glasbecher für die Medikamentenlagerung.

19 [C5] **Uhrenmuseum im Haus zum Guten Hirten.** Das pittoreske Rokoko-

Häuschen unterhalb der Burg ist auch im Innern sehenswert. Angesichts der wunderbaren Uhren kann die Zeit schnell vergehen (s. S. 40).

❶ [D5] **Waffenmuseum im Michaelertor.** Das Museum bietet durch die Aussichtsplattform von der Turmspitze einen schönen Blick auf die Stadt und ist daher auch dann interessant, wenn man sich nicht unbedingt für Waffen interessiert (s. S. 14).

Kunstgalerien

14 [D5] **Galerie der Stadt Bratislava im Palais Mirbach.** Insbesondere Liebhaber mitteleuropäischer Barockmalerei und Bildhauerkunst werden in den repräsentativen Räumlichkeiten des Palais auf ihre Kosten kommen (s. S. 33).

7 [D5] **Galerie der Stadt Bratislava im Palais Pállfy.** Die zweite Abteilung der großartigen Stadtgalerie ist ebenfalls in einem Palais untergebracht. Neben mittelalterlichen Kunstwerken kann man hier auch slowakische bildende Kunst des 20. Jahrhunderts bestaunen (s. S. 23).

⌃ *Die slowakische Nationalgalerie*

⑫ [E5] **Galerie Nedbalka.** Neben dem Danubiana Meulensteen Art Museum **㉟** ist die Galerie Nedbalka ein absolutes Muss für Liebhaber moderner Kunst und gleichzeitig ein innenarchitektonischer Leckerbissen. Vorteil gegenüber dem Danubiana: die zentrale Lage (s. S. 31).

㉓ [F6] **Galerie UMELKA,** Dostojevskeho rad 2, Straßenbahn 1, 3, 6 bis „Šafárikovo nám.", Tel. 00421 2 52962402, www.svu.sk, geöffnet: je nach Ausstellung (siehe Website). Die Galerie UMELKA zählt zu den ältesten Kultureinrichtungen in der Slowakei. In dem funktionalistischen Gebäude nahe der Alten Brücke **㉕**, in dem seit 1990 die Slowakische Union der bildenden Künste ihren Sitz hat, finden laufend Wechselausstellungen statt.

⑧ [D6] **Slowakische Nationalgalerie.** In dem gewaltigen Gebäudekomplex an der Donau erwarten den Besucher einige der wertvollsten Gemälde des Landes sowie regelmäßig wechselnde Sonderausstellungen (s. S. 25).

☑ *Brunnen im Innenhof des Palais Mirbach* **⑭**

017 bli-se

Bratislava für Genießer

Essen und Trinken

Die ländliche slowakische Küche war in der Vergangenheit eher einfach geprägt; Grundnahrungsmittel waren Milch, Kartoffeln und Kraut (Kohl). Doch auch mit einfachen Zutaten haben die Menschen stets leckere Gerichte gezaubert, etwa die *strapačky,* die mit den österreichischen Nockerln beziehungsweise den schwäbischen Spätzle vergleichbar sind.

Ein typisches slowakisches Nationalgericht sind **bryndzové halušky (Brimsennockerl);** Hauptbestandteile sind Kartoffelteig, ein spezieller Schafskäse *(bryndza)* und Speck. Ebenfalls zum festen Bestandteil der slowakischen Hausmannskost gehören die **Lokše** (Kartoffelfladen, s. S. 86).

Speziell in der kalten Jahreszeit gehören **Suppen** zum festen Bestandteil einer slowakischen Mahlzeit. Beliebt sind Knoblauchsuppen, Bohnensuppen und deftige Krautsuppen.

Als Hauptgerichte sind in den Restaurants Bratislavas **in erster Linie Fleischgerichte** zu finden – von Schwein über Rind bis Geflügel. Auch Kaninchen findet man häufig auf der Speisekarte und wer keine Skrupel bezüglich des Verzehrs der Felltiere hat, sollte sich dieses Schmankerl nicht entgehen lassen.

Rund um den Martinstag am 11. November ist in der Slowakei **Gänsezeit.** Dann kommen die gebratenen Leckerbissen mit Knödeln und Kraut auf den Tisch. Durch die jahrhundertealte **Bindung an Österreich und Ungarn** haben natürlich auch Klassiker wie **Gulasch** und **Schnitzel** einen festen Platz auf der slowakischen Speisekarte.

04.1bl-se

Kalorien zählen sollte man in Bratislava besser nicht. Denn auch die köstlichen Nachspeisen können sich sehen und schmecken lassen: Neben Palatschinken (Pfannkuchen) und Torten gehören Buchteln (aus Hefe) mit Marmelade, Mohn, Quark oder Nüssen sowie die Pressburger Kipferl, gefüllt mit Mohn oder Nüssen, zu den süßen Verführern. Ein Leckerbissen aus der Westslowakei nennt sich **Skalický trdelník** und hat die Form eines hohlen Zylinders.

Neben den Süßspeisen gibt es auch salzige Kuchen wie **kapustník** (Krautkuchen) oder **pagáče** (Griebenoder Kartoffelpogatschen – eine Art Salzgebäck).

Galt die slowakische Küche bis vor Kurzem als typisch osteuropäisch, deftig und fleischlastig, so hat sich mittlerweile auch eine moderne internationale Cuisine entwickelt. Auf Genussveranstaltungen wie dem **Slovak Food Festival** im Mai oder dem **Gourmet-Fest** im Juni kann man die neue Bandbreite slowakischer Köstlichkeiten erkunden (s. S. 96).

⌂ *Schmankerl im Restaurant Modra Hviezda (s. S. 87): Kaninchen in Waldpilzsoße mit gerösteten Knödeln*

Smoker's Guide

In der Slowakei wird gerne und viel geraucht. Die Zigaretten sind günstiger als in Deutschland oder Österreich, eine Packung kostet zwischen 3 und 4 €. Pro Person darf man eine Stange Zigaretten (200 Stück) ausführen. In öffentlichen Gebäuden, Verkehrsmitteln sowie Krankenhäusern besteht striktes Rauchverbot. Öffentliche Einrichtungen besitzen teilweise gekennzeichnete Raucherzonen. In der Gastronomie wird zwischen reinen Trinklokalen und Speisegaststätten unterschieden. In Restaurants müssen Nichtraucherzonen ausgewiesen werden, die durch feste Wände vom Raucherbereich getrennt sind. Ansonsten kann der Betreiber entscheiden, ob geraucht werden darf oder nicht.

Slowakischer Wein: der unterschätzte Rebensaft

Nachgewiesenermaßen haben bereits Kelten und Römer an den Südhängen der Kleinen Karpaten Wein angebaut. Seither ist die Weinbautradition in der Region nicht abgerissen und hat sich über das Großmährische Reich und das Mittelalter bis in die Neuzeit erhalten. Zwar ließen sich bereits alle möglichen europäischen Völker im Laufe der Jahrhunderte in der Region um Pressburg nieder – ihnen allen gemeinsam war aber die Zuneigung zum lokalen Rebensaft. Diese ging sogar so weit, dass die Stadt Pressburg den Weinverkauf über Jahrhunderte streng regulierte, um die eigenen Erzeugnisse vor der Konkurrenz aus dem Umland zu schützen. Wer außerhalb der Stadtmauern Wein einkaufte und dabei erwischt wurde, dem drohten noch im 18. Jahrhundert saftige Geldstrafen.

Bereits seit dem 16. Jahrhundert gab es in und um Pressburg die sogenannten Buschenschanken (Straußwirtschaften). Mit einem grünen Buschen aus Zweigen vor seinem Haus zeigte der Weinbauer an, dass bei ihm momentan öffentlich Wein ausgeschenkt werden durfte. Die Buschenschanken unterschieden sich kaum von den österreichischen Heurigenlokalen: Zu den Eigenbauweinen gab es in der Regel deftige Brotzeiten und eine kleine Auswahl warmer Speisen am Büfett. Leider sind Buschenschanken in Bratislava selbst heute fast ausgestorben, im näheren Umland findet man sie aber noch. Weinlokale und Weinhandlungen haben sich in der Stadt seit einigen Jahren jedoch wieder etabliert. Bratislava bildet heute die Grenze zweier slowakischer Weinanbaugebiete: Nordwestlich erstreckt

042bl-se

sich Richtung österreichischer und tschechischer Grenze das Kleinkarpatische Weinbaugebiet (Malokarpatská vinohradnícka oblasť) auf circa 60 ha Fläche; östlich der slowakischen Hauptstadt zieht sich entlang der ungarischen Grenze das Südslowakische Weinbaugebiet (Južnoslovenská vinohradnícka oblasť). In der Slowakei wird mehrheitlich Weißwein angebaut, an den sonnigen Hängen vermehrt aber auch Rotwein. Die Geschmackspalette reicht dabei von fruchtig-süß bis trocken. Typische Rebsorten sind unter anderem Blaufränkisch, St. Laurent, Grüner Veltliner, Rheinriesling und Weißburgunder. Unterteilt werden die Weine in drei Kategorien: „Mladé víno" ist die Bezeichnung für Wein, welcher vor Ablauf des Kalenderjahres in Flaschen abgefüllt worden ist. Verkauft wird der junge Wein ab dem ersten Montag im November des Erntejahres. „Archívne víno" ist mindestens drei Jahre lang gereift, „Panenská úroda" steht für Weine aus der ersten Ernte einer Rebfläche mit Trauben aus dem dritten oder spätestens vierten Jahr nach den Anpflanzen. Direkt nach der Weinlese kommt zusätzlich der sogenannte „Sturm" zum Ausschank (vergleichbar mit dem deutschen Federweißen). Ab dem 11.11. - dem traditionellen Martinstag (der Heilige Martin ist auch Stadtpatron von Bratislava) - kommt dann der fertige junge Wein zum Ausschank. Angeblich soll sein Genuss das Blut reinigen. In einer alten slowakischen Volksweisheit ist überliefert, dass man so viel Jungwein trinken soll, wie man Blut in den Adern hat. Mediziner dürften diesen Ratschlag wohl eher skeptisch sehen.

Während die Qualität slowakischer Weine vor 1990 in der Epoche des „real existierenden Sozialismus" nach heutigen Maßstäben stark zu wünschen übrig ließ, erlebte der Weinbau in den vergangenen Jahrzehnten eine regelrechte Renaissance. Teilweise erhält man heute vorzügliche Tropfen, welche sich mit ihren österreichischen Nachbarweinen aus dem Burgenland oder dem Weinviertel durchaus messen können. In der Altstadt von Bratislava kann man die edlen Tropfen in etlichen Vinotheken verkosten, teilweise auch an Weinständen auf Märkten. Auch fast alle Restaurants können mit heimischen Kellerfreuden aufwarten.

Ab Mitte September finden in den Weinbauorten rund um Bratislava Weinfeste statt - unter anderem im nördlichen Vorort **Rača** (Straßenbahnlinie 3) sowie in den nördlich anschließenden Dörfern **Svätý Jur, Pezinok** und **Modra**.

Eine besondere slowakische Spezialität - die freilich nicht mit klassischem Wein zu vergleichen ist - ist der regionale **Thebener Ribiselwein** (Devínsky ríbezlák), hergestellt aus Johannisbeeren, der insbesondere rund um die Burg Devín **39** angebaut wird (s. S. 72).

◁ In der Westslowakei kümmert man sich seit einigen Jahren wieder verstärkt um den Weinbau

Auch **internationale Restaurants** findet man längst in der slowakischen Hauptstadt. **Vegetarier und Veganer** brauchen auch keinen Bogen mehr um die Stadt machen, wenngleich das Angebot noch nicht mit westeuropäischen Metropolen mithalten kann.

Loksche (Lokše): leckere slowakische Hausmannskost

Bei Lokše, eine slowakische Besonderheit, handelt es sich weder um Pfannkuchen noch um Kartoffelpuffer. Lokše sind einzigartig und sollten immer frisch gegessen werden. Sie sind eine besondere Spezialität der Westslowakei und gehören zu den Geheimtipps, genau wie die köstlichen Brimsennockerl (bryndzové halušky, s. S. 82).

Loksche selbst gemacht: Der Teig besteht aus gekochten, geriebenen Kartoffeln (etwa 600 Gramm) und glattem Mehl (200 Gramm). Die Zutaten werden mit etwas Salz zu einem Teig geknetet, in Stückchen geteilt, in runde dünne Flecken ausgerollt und auf der Herdplatte ohne Fett gebacken (wer keine Herdplatte zur Verfügung hat, kann eine Pfanne nehmen).

Zum Servieren werden die Lokše je nach Geschmack mit ein wenig Gänseschmalz bestrichen. Man isst sie gerne ohne Füllung, beispielsweise zur gebratenen Gans, man kann sie aber auch füllen, mit Mohn, Powidl (Zwetschgenmarmelade) oder pikant mit Hühnerleber – diese wird vorher mit Zwiebeln und Speck angebraten. Guten Appetit! Dobrú chuť!

In Bratislava ist es üblich, je nach Zufriedenheit etwa 10 % des Rechnungsbetrags als **Trinkgeld** geben.

Getränketechnisch steht in Bratislava das berühmte **pivo (Bier)** unangefochten an der Spitze der beliebtesten Kaltgetränke. Neben tschechischen und slowakischen Großbrauereien wie Pilsner, Kozel oder **Zlatý Bažant** (Goldener Fasan) gibt es etliche Kleinbrauereien, deren Spezialitäten man vor Ort in den Wirtshäusern erhält. Neben dem Gerstensaft hat sich der slowakische Wein in den vergangenen Jahren wieder einen guten Ruf erworben (s. S. 84).

Als Verdauungsschnaps nach einem üppigen Essen eignen sich **Slivovitz** (Zwetschgenschnaps) oder **Borovička** (Wachholderschnaps), der als hochprozentiges Nationalgetränk der Slowakei gilt.

Alle, die es lieber antialkoholisch mögen, finden neben den üblichen Softdrinks auch ein paar slowakische Besonderheiten. Sehr beliebt sind das traditionelle **Kofola**, ein cola-ähnliches Getränk, oder **Vinea**, eine Art Traubensaft-Limonade. Bekannt ist die Slowakei auch für ihre heilkräftigen Mineralwässer.

Das **Leitungswasser** in Hotels kann ohne größere Risiken getrunken werden. Zur Sicherheit sollte man an der Rezeption nachfragen oder auf gekauftes Wasser in Plastikflaschen zurückgreifen.

Hervorhebenswerte Lokale

Slowakische Küche

🔴**24** [E4] **1. Slovak Pub** €, Obchodná 62, Straßenbahn 5, 7 bis „Vysoká", Tel. 00421 2 2926367, www.slovakpub.sk, geöffnet: Mo. 10–23, Di.–Do. 10–24, Fr./Sa. 10–2, So. 12–23 Uhr. Riesiges slowakisches Gasthaus mit viel Holz und uriger Einrichtung, in dem es abends auch dank der guten Bierauswahl auch mal feucht-fröhlich zugehen kann. Ordentliche, aber nicht überragende Küche. In der belebten Nachtleben-Straße Obchodná ㉙ gelegen.

25 Classic Restaurant & Pub €, Pečnianska 6, Bus 80, 88, 506 bis „Kremnická", Tel. 00421 911640999, www.classicpub.sk, geöffnet: Mo.-Sa. 10-22, So. 12-22 Uhr. Das Lokal ist etwas außerhalb des Zentrums im südlich der Donau gelegenen Stadtteil Petržalka gelegen. Hier kann man sehr gut und zu günstigen Preisen slowakisch essen; daneben gibt es auch gute Burger.

26 [C6] **Modra Hviezda** €€, Beblavého 14, Tel. 00421 8703070, http://modra hviezda.sk, geöffnet: tägl. 11-23 Uhr. Das urige Wirtshaus liegt in einer kleinen Gasse, die hinauf zur Burg führt; im romantischen Felsengewölbe kann man seinen Gaumen von hervorragender slowakischer Küche verwöhnen lassen. Saisonale Gerichte und großartige Weine. Nicht billig, aber für die Qualität und das Ambiente ein ordentliches Preis-Leistungs-Verhältnis. Es gibt auch einen sprechenden Papagei, der verschiedene Sprachen beherrscht.

27 [F7] **Mýtny domček** €€, Tyršovo námestie (direkt am südlichen Brückenkopf der Alten Brücke ㉕, Straßenbahn 1, 3 bis „Sad Janka Kráľa", Tel. 00421 911433763, www.mytnydomcek.sk, geöffnet: tägl. 11-22 Uhr. In diesem urigen slowakischen Gasthaus hat man nicht nur einen wunderbaren Blick auf die Donaubrücke, sondern genießt auch hervorragende slowakische Hausmannskost zu passablen Preisen.

28 [D5] **Pivnice u Kozla** €€, Panská 27, Tel. 00421 2 54434563, www.pivniceu kozla.sk/de, geöffnet: tägl. 11-24 Uhr. Uriges Kellergewölbe im Herzen der Altstadt mit deftiger Küche und einer reich-

Preiskategorien

€	bis 8 Euro
€€	9 bis 15 Euro
€€€	über 15 Euro

Preis für ein Hauptgericht ohne Getränk (ohne Gewähr). Generell empfiehlt sich bei den meisten Lokalen eine rechtzeitige telefonische Tischreservierung.

lichen Auswahl an Bieren und Weinen. Im Sommer gibt es auch einige Tische in der Fußgängerzone.

29 [C5] **Schlossbrauerei Zámocký pivovar** €-€€, Zámocká 13, Tel. 00421 915760214, www.zamockypivovar. sk, geöffnet: Mo.-Do. 11-23, Fr./Sa. 11-1 Uhr. Hallenartige Brauereigaststätte nördlich unterhalb der Burg mit slowakischer Hausmannskost und selbst gebrautem Bier.

30 [C7] **UFO-Restaurant auf dem Brückenpfeiler** €€€, Most SNP, unterhalb der Stadtautobahn verläuft ein Fußweg über die Donaubrücke zum Eingang bzw. Lift, Tel. 00421 2 62520300, www.redmon keygroup.com, geöffnet: tägl. 12-23 Uhr. Ein besonderes Erlebnis: Bratislavas Brückenpfeiler-Restaurant bietet einen

⌂ Altes Wirtshausschild für das noch heute existierende Restaurant an der Alten Brücke

großartigen Blick über Altstadt, Burg und Donau. Natürlich zahlt man diesen Luxus mit; insgesamt guter Service und ordentliche Küche; besonders die Vorspeisen sind zu empfehlen. Unbedingt reservieren (Internet)!

🔲**31** [C5] **Zelený Rodrigéz** €€, Zamocka 36, Tel. 00421 905 218569, geöffnet: Mo.–Sa. 11–22, So. 11–16 Uhr. Eher unscheinbares Restaurant mit sehr guter Küche und einem ordentlichen Preis-Leistungs-Verhältnis.

Internationale Küche

🔲**32** [D5] **Carnevalle, Meat Restaurant and Bar** €€, Hviezdoslavovo námestie 20, Tel. 00421 2 20863637, www.carne valle.sk, geöffnet: Mo.–Sa. 11–24, So. 11–23 Uhr. Fleischliebhaber werden hier voll auf ihre Kosten kommen. Neben Steak-Variationen gibt es Burger, Pasta und raffinierte Vorspeisen.

🔲**33** [D3] **FABRIKA – the beer pub** €, Štefánikova 4, Straßenbahn 1, 2 bis „Nám. Franza Liszta", Tel. 00421 901902683, www.fabrikapub.sk, geöffnet: Sa.–Do. 11.30–24, Fr. 11.30–1 Uhr. Modernes Bierlokal, in dem man sehr gute Burger essen kann. Dazu gibt es selbstgebraute Craft-Biere. Zwischen Altstadt und Hauptbahnhof (Hlavná stanica) gelegen.

🔲**34** [D5] **Green Buddha** €€, Zelená 4, Tel. 00421 948904404, www.green buddha.sk, geöffnet: Mo.–Do. 11–23, Fr./Sa. 11–24, So. 11–22 Uhr. Sehr gutes thailändisches Restaurant im Herzen der Altstadt unweit des Hauptplatzes (Hlavné námestie) **9**.

🔲**35** [E3] **Pizzeria Primo Amore** €, Kollárovo nám. 17, Straßenbahn 1, 5, 7, 8 bis „Vysoká", Tel. 00421 918617708, www.primoamore.webnode.sk, geöffnet: Mo.–Sa. 11–24 Uhr. Guter und günstiger Italiener in der Nähe des Palais Grassalkovich **31**, der neben Pizzen auch leckere Pasta-Gerichte anbietet.

EXTRATIPPS

Köstlich vegetarisch

Eines vorweg: Für Vegetarier und Veganer gibt es mit Sicherheit Städte, die besser auf ihr leibliches Wohl eingestellt sind. Tierische Produkte dominieren die Speisekarten der meisten slowakischen Restaurants. Doch seit einigen Jahren kann man auch in Bratislava nicht mehr von der ehemaligen „tschechoslowakischen Fleischwüste" sprechen. Fast alle Lokale bieten neben den slowakischen Klassikern auch fleischlose Kost. Traditionell kann man beispielsweise Lokše (s. S. 86) genießen. In den vergangenen Jahren haben auch etliche vegetarische und vegane Restaurants in der Innenstadt eröffnet, darunter:

🔴**37** **Bemba** €–€€, Hálkova 1, Bus 50, 98 OD Slimák, Tel. 00421 917954265, www.bemba.eu, geöffnet: Mo.–Sa. 10–20 Uhr. Veganes, glutenfreies Rohkost-Restaurant, das eine kreative Speisekarte bietet: von Pizza über Falafel bis hin zu gemischten Platten reicht die Palette. Etwas außerhalb im Norden Bratislavas gelegen.

🔴**38** [E4] **Veggie Bistro** €, Obchodná 66, Straßenbahn 5, 7, 13 bis „Vysoká", Tel. 00421 911188529, www.veggie.sk, geöffnet: Mo.–Fr. 11–17 Uhr. Das freundliche Bistro in der belebten Obchodná-Straße **29** serviert leckere vegetarische und vegane Gerichte – zum Beispiel Wraps, Quiche und Suppen. Auch die süßen Köstlichkeiten sollte man probieren.

▷ *Spektakulärer Blick vom UFO der SNP-Brücke* **23** *aus*

Für den späten Hunger

Prinzipiell erhält man in den stark frequentierten Lokalen Bratislavas auch nach 21 Uhr noch warme Gerichte. Wer nach Mitternacht noch Hunger hat, findet in der Innenstadt etliche Imbissbuden, die Kebap, Burger oder Sandwiches anbieten – etwa am Michaelertor ❶, am SNP-Platz ⓯, in der Obchodná-Straße ㉙ oder am Šafárik-Platz ㉗.

Dinner for one

In vielen Lokalen muss man kein schlechtes Gefühl dabei haben, sein Essen allein einzunehmen. Auch ohne Begleitung bieten unter anderem die folgenden Lokale eine angenehme, ungezwungene Atmosphäre:

> **Mýtny domček** (s. S. 87). Im großen Gastraum gibt es viele kleine Tische. Beim Blick auf die Donau und auf das Treiben am Uferparkplatz wird einem auch ohne Tischgespräche nicht langweilig.

> **1. Slovak Pub** (s. S. 86). Hier ist zwar immer viel los, doch als Einzelperson findet man immer noch einen Platz – und zu späterer Stunde beim Bier eventuell auch Anschluss.

Lokale mit guter Aussicht

Bratislava bietet durch seine Lage an der Donau, seine Hügel und durch etliche hohe Gebäude einige Lokale mit tollem Ausblick – hier eine kleine Auswahl:

> **Modra Hviezda** (s. S. 87). Das großartige Restaurant unterhalb der Burg bietet im Sommer eine kleine Terrasse mit hübschem Ausblick.

> **Mýtny domček** (s. S. 87). Vom Gastraum aus bietet sich ein ungewöhnlicher Ausblick auf die Metallkonstruktion der Alten Brücke ㉕ und die Donau.

> **Restaurant und Brasseria Altitude auf dem Fernsehturm Kamzík** ㊱. Das höchstgelegene Restaurant Bratislavas bietet einen atemberaubenden Fernblick in die Kleinen Karpaten und ins Donautiefland.

> **UFO Restaurant** (s. S. 87). Vom Brückenpfeiler der SNP-Brücke ㉓ aus hat man einen herrlichen Blick über die Donau hinüber zur Burg.

Der erste Kaffee

Am Hauptbahnhof (Hlavna stanica) erhält man ab 7 Uhr einen Kaffee – allerdings in wenig hübscher Umgebung. Um 8 Uhr öffnen die ersten Cafés in der Altstadt.

045bl-se

Fisch

⊃**36** [B6] **Rybársky cech** €€–€€€, Žižkova 1/A, Straßenbahn 4 bis „Most SNP", Tel. 00421 2 54630423, www.rybarsky cech.sk, geöffnet: tägl. 11–22 Uhr. Traditionsreiches Fischrestaurant unterhalb der Burg an der Donau. Neben Süß- und Salzwasserbewohnern wie Karpfen, Lachs, Thunfisch und Seebrasse stehen auch ein bis zwei Fleischgerichte auf der Karte.

Cafés

Durch die Nähe und die historische Beziehung zu Wien hat sich wie überall in der ehemaligen österreichisch-ungarischen Monarchie auch in Bratislava eine ausgeprägte Kaffeehauskultur entwickelt. Diese ist in den Jahrzehnten des Sozialismus etwas unter die Räder gekommen, entwickelt sich jedoch nach und nach wieder. Neben wenigen Traditionscafés sprießen vor allem junge und hippe Cafés aus dem Boden.

Konditoreien und Kaffeehäuser

⊃**39** [D5] **Café Zeppelin**, Sedlárska 10, Tel. 00421 911110287, geöffnet: tägl. 8.30–22 Uhr. Freundliches Café in der Nähe des Hauptplatzes ❾: Die Kuchen und Torten sind eine Sünde wert und der Service ist äußerst freundlich und zuvorkommend. Auch Leckereien zum Mitnehmen gibt es.

⊃**40** [D4] **Franz Xaver Messerschmidt – Bratislavská kaviaren,** Namestie SNP 8, Tel. 00421 905237054, www.messerschmidt.sk, geöffnet: Mo.–Fr. 8–22, Sa. 9–22, So. 10–22 Uhr. In den Räumen des Cafés, welches an den berühmten Pressburger Bildhauer erinnert, befindet sich auch das „Museum des 17. Novembers", welches die Ereignisse der Samtenen Revolution 1989 dokumentiert.

⊃**41** [D5] **Gorila Urban Cafe,** Námestie SNP 30, Straßenbahn (mehrere Linien) bis „Námestie SNP", Tel. 00421 903908857, www.gorila.sk/urbanspace, geöffnet: Mo.–Do. 9–22, Fr. 9–24, Sa. 10–24, So. 10–22 Uhr, WLAN. Café mit angeschlossener Buchhandlung. Hier trifft man auf Hipster, Studenten, Künstler und junge Kreative, die in der Stadt leben – wenig touristisch, modern und angesagt.

⊃**42** [D5] **Kaffee Mayer,** Hlavné námestie 4, Tel. 00421 2 54411741, www.kaffeemayer.sk, geöffnet: tägl. 9.30–22 Uhr. Traditionsreiches Kaffeehaus direkt am Hauptplatz ❾, welches vom k. u. k. Hofkonditor Julius Mayer im Jahr 1873 gegründet worden ist. Hier zahlt man die Lage mit und die Tatsache, dass auch schon der „Schöne Náci" (s. S. 26) Stammgast war.

⊃**43** [D5] **Zylinder Cafe und Restaurant,** Hviezdoslavovo námestie 19, www.zylinder.sk, geöffnet: tägl. 11–24 Uhr. Das Café an der Promenade bietet neben Kaffee- und Kuchenspezialitäten auch sehr gute warme Küche. Im Sommer kann man im Freien das Treiben in der Fußgängerzone beobachten.

⌂ *Etliche Cafés gruppieren sich am Hauptplatz ❾ – darunter das Schokocafé Maximilian (s. S. 94)*

Bratislava am Abend

In Bratislava wird es auch nach Sonnenuntergang nicht langweilig. Insbesondere an den Wochenenden dauern die Nächte an der Donau oft bis zum Morgengrauen. Aber auch unter der Woche werden in der Studentenstadt nach Einbruch der Dunkelheit nicht die Gehsteige hochgeklappt. Nach Feierabend trifft man sich oft in einem der vielen Bierlokale und Pubs. An Livemusik herrscht ebenfalls kein Mangel – seien es Pop, Rock, Jazz oder Klassik. In den vergangenen Jahren haben sich etliche Rock- und Jazzbühnen etabliert. Nach Mitternacht pulsiert das Nachtleben dann in den Klubs und Discos – für jeden Geschmack ist etwas dabei. Die Hauptschlagader ist dann die Obchodná-Straße ㉙ nordwestlich der Altstadt. Prinzipiell feiern die Slowaken gerne und intensiv und freuen sich auch darüber, wenn Touristen mit ihnen zusammen um die Häuser ziehen.

Aufgrund der vergleichsweise günstigen Alkoholpreise kommt es durch größere Männergruppen aus dem Ausland leider immer wieder auch zu unschönen Exzessen. Mittlerweile konnte das Treiben durch verstärkte Polizeipräsenz jedoch wieder einigermaßen eingedämmt werden.

Nachtleben

Kneipen und Bars

🅲**44** [D6] **17's Bar,** Hviezdoslavovo nám. 17, Tel. 00421 2 54435135, www.17bar.sk. Nette kleine Bar mit großer Bierauswahl und guten Pizzen.

🅲**45** [E4] **KGB Pub,** Obchodná 52, Straßenbahn 1, 5, 7, 8 bis „Vysoká", Tel. 00421 2 52731279, www.kgbpub.sk, geöffnet: Mo.–Mi. 11–24, Do. 11–1, Fr.

11–2, Sa. 16–2 Uhr. In der Kellerkneipe kann man in die Zeit des Kommunismus eintauchen und neben Lenin und Stalin sein Bier trinken. Sozialistische Preise.

🅲**46** [C6] **LE ŠENK craft beer cafe,** Zámocké schody, Tel. 00421 948129877. Liebhaber der neuesten Craft-Bier-Sorten werden hier direkt unterhalb der Burg voll auf ihre Kosten kommen.

🅲**47** [E5] **Nu Spirit Bar,** Medená 16, Tel. 00421 905865566, www.nuspirit.sk/sk/nuspiritbar, geöffnet: Mo.–Sa. 17–3, So. bis 1 Uhr. Angesagte Musikbar mit viel elektronischer Musik. Daneben wird auch der New Spirit Club in der Štúrova 3 [E5] betrieben.

🅲**48** [D6] **Sky & Vodka Bar,** Hviezdoslavovo námestie 7, Tel. 00421 2 54411244, www.spicy.sk, geöffnet: Mo.–Fr. 11–1, Sa. 12–1, So. 12–24 Uhr. Bei einem Cocktail genießt man von der Dachterrasse einen wunderbaren Blick über die Dächer der Altstadt.

Klubs und Diskotheken

🅲**49** [E1] **Randal Club,** Karpatská 2, Tel. 00421 2 52621936, www.randalclub.eu. „Live and wild rock´n´roll music club" ist das Motto dieser Subkultur-Institution in der Nähe des Hauptbahnhofs und Nomen ist Omen: Hier treten regelmäßig Bands der härteren Sorte aus den Bereichen Rock, Metal und Punk auf.

🅲**50** [C6] **Subcultures' Music Club,** Nábrežie armádneho generála Ludvíka Svobodu, Straßenbahn 4, 6 bis „Most SNP", Tel. 00421 903776633, www.subclub.sk, geöffnet: siehe Homepage.

Gastro- und Nightlife-Areale

Bläulich hervorgehobene Bereiche in den Karten kennzeichnen Gebiete mit einem dichten Angebot an Restaurants, Bars, Klubs, Discos etc.

In einem alten Bunker unterhalb der Burg hat sich dieser kultige Underground-Klub angesiedelt. Erschwingliche Preise und gute Stimmung bis in die frühen Morgenstunden.

Theater und Konzerte

Bratislava ist eine Kultur- und Musikstadt. Durch die Nähe zu Wien haben sich bereits vor Jahrhunderten Musiker und Komponisten in Pressburg die Klinke in die Hand gegeben – einige, darunter der Komponist Johann Nepomuk Hummel (s. S. 32), sind Kinder der Stadt. Auch während der Zugehörigkeit zur Tschechoslowakei war Bratislava neben Prag ein Garant für hochwertige Kunst und Kultur. Das bedeutendste Haus der Stadt ist das **Slowakische Nationaltheater** mit seinem altehrwürdigen Gebäude an der Promenade ❻ und dem Neubau im Eurovea-Komplex ㉖.

Ein weiterer Hort für Liebhaber klassischer Musik ist die **Slowakische Philharmonie,** deren Heimstätte sich in unmittelbarer Nähe zum historischen Nationaltheater im barocken Konzertsaal der Reduta befindet. In ihm finden 700 Besucher Platz. Das hochkarätig besetzte Orchester genießt weltweite Anerkennung und wird regelmäßig für Gastspiele gebucht.

↻**51** [D5] **Slowakisches Nationaltheater (historisches Gebäude),** Gorkého 2, Straßenbahn 1, 3, 4, 6, 8 bis „Šafárikovo nám.", Tel. 00421 2 20494290, www.snd.sk

↻**52** [G6] **Slowakisches Nationaltheater (neues Gebäude),** Pribinova 17, Tel. 00421 2 20472289, www.snd.sk

↻**53** [D6] **Slowakische Philharmonie (Slovenská filharmónia),** Námestie Eugena Suchoňa 1, Tel. 00421 2 20475218, www.filharmonia.sk

Casino

●**54** [D4] **Banco Casino,** Hodžovo námestie 2 (im Hotel Crowne Plaza), Tel. 00421 2 52624378, www.bancocasino.sk, tägl. 24 Stunden geöffnet. Von Roulette bis Poker – hier kann man nach Herzenslust Geld verspielen oder vermehren.

⊡ *Das altehrwürdige Gebäude des Slowakischen Nationaltheaters am Ende der Promenade* ❻

046bi-se

Bratislava für Kauflustige

Bratislava kann zweifellos als Shopping-Metropole bezeichnet werden. In der slowakischen Hauptstadt besteht laut einer Weltspiegel-Reportage der ARD aus dem Jahr 2016 pro Einwohner die größte Einkaufsfläche in Mittel- und Osteuropa.

Mit dem **Eurovea** 26 oder dem **Aupark Shopping Center** (s. S. 94) besitzt die Stadt riesige Malls, die kaum einen Konsumentenwunsch offenlassen. Mit der liebenswerten Atmosphäre der Alten Markthalle am SNP-Platz 15 mit ihren Gemüseständen und regionalen Spezialitäten können die doch eher sterilen Einkaufszentren allerdings nicht mithalten. In der Altstadt haben sich viele kleine Läden erhalten, anders sieht es in den Vorstädten aus.

In Bratislava herrscht im Vergleich zum benachbarten Wien am Sonntag ein liberales beziehungsweise kommerzfreundliches Öffnungszeitengesetz. Viele Läden in der Innenstadt haben am Sonntag geöffnet, ebenso die großen Shoppingmalls.

Souvenirläden findet man in der gesamten Altstadt – insbesondere im Bereich des Michaelertors 1. Auch die Stände auf dem Hauptplatz 9 verkaufen teils handwerklich hergestellte Andenken.

Die wichtigsten Einkaufsviertel und Shoppingmeilen

› **Altstadt:** Zwischen Michaelertor 1, Hauptplatz 9 und Promenade 6 reiht sich ein Shop an den anderen – unterbrochen lediglich durch die ebenfalls große Menge an Gaststätten. Sehr viele **Souvenirläden** findet man in der **Michalská-Straße** und der daran anschließenden **Venturgasse** 2. In letzterer giebt es auch ein paar Antiquitätenge-

schäfte. Zu den beliebten Mitbringseln zählt der kleine Maulwurf Krtek aus dem tschechoslowakischen Kinderfernsehen. In Deutschland wurde er durch die „Sendung mit der Maus" bekannt.

› **Obchodná-Straße** 29: Die beliebte Ausgeh- und Gastromeile ist tagsüber auch eine beliebte Shoppingmeile. Neben den üblichen internationalen Ketten findet man hier auch kleine individuelle Läden.

Antiquitäten und Kunst

🔺**55** [D5] **Antikvariát Steiner,** Ventúrska 22, Tel. 00421 2 54433778, www.antikvariatsteiner.sk, geöffnet: Mo.–Fr. 10–17 Uhr. Gut sortiertes Antiquariat mit einer Vielzahl an historischen Büchern (etliche in deutscher Sprache), Fotografien und Grafiken.

🔺**56** [E5] **Starožitnosti,** Gorkého 12, Tel. 00421 903287001, www.starozitnosti-bratislava.sk, geöffnet: Mo.–Fr. 11–18 Uhr. Hübsches Antiquitätengeschäft mit antiken Bildern, Skulpturen, Münzen, Büchern und mehr.

Bücher und Musik

🔺**57** [D5] **Eleven Books and Coffee,** Baštová 9, Tel. 00421 948824811, auf Facebook, geöffnet: Mo., Di., Do. 11–17.30, Mi., Fr. 11–20, Sa. 14–20 Uhr. Liebenswertes Buchgeschäft mitten in der Altstadt mit einer großen Auswahl an englisch- und deutschsprachigen Büchern. Daneben einfach auch ein Ort zum Wohlfühlen mit Kaffee, heißer Schokolade und kleinem Speiseangebot.

Shoppingareale

Die wichtigsten Shoppingbereiche der Stadt sind im Kartenmaterial mit einer rötlichen Fläche markiert.

58 [D5] **House of Fun,** Zámočnícka 11, Tel. 00421 903471294, www.vinylove platne.sk, geöffnet: Mo.–Fr. 14–19, Sa. 11–19 Uhr. Gebrauchte und neue Platten, CDs und vieles mehr.

Delikatessen, Getränke, Süßes

59 [D5] **Honey Shop – Medový obchod Cera Mel,** Biela 4, Tel. 00421 948444746, www.medovyobchod.sk, geöffnet: tägl. 10–19 Uhr. Der sympathische Laden mitten in der Altstadt bietet verschiedene Honig-Spezialitäten aus der Slowakei an. Daneben gibt es Tee, Schokolade, Bienenwachskerzen und nette Geschenkartikel.

60 [D5] **Schokocafé Maximilian,** Hlavné námestie 6, Tel. 00421 2 54410296, geöffnet: tägl. 8–22 Uhr. Das Maximilian direkt am Hauptplatz **9** ist einerseits bekannt für seine heiße Schokolade, andererseits auch für sein großes Angebot an süßen Mitbringseln.

047bi-se

61 [F5] **Vinothek und Ahoy Wine Bar pri Modrom kostolíku,** Sienkiewiczova 2, Straßenbahn 1, 3, 6 bis „Šafárikovo nám.", Tel. 00421 917867271, www. monvin.sk, geöffnet: Mo.–Fr. 11–22, Sa. 15–22 Uhr. Schöne Vinothek und Weinbar mit einem großen Angebot an slowakischen und internationalen Tropfen. Flaschen zum Mitnehmen kann man kaufen. Wenige Schritte von der Blauen Kirche **28** entfernt.

Shoppingmalls/Einkaufszentren

62 [D8] **Aupark,** Einsteinova 18, Bus 93 Aupark, Tel. 00421 2 68266111, www.aupark-bratislava.sk, geöffnet: tägl. 10–21 Uhr. Riesiges, helles und freundliches Einkaufszentrum im Stadtteil Petržalka in der Nähe der SNP-Brücke **23**. Spielmöglichkeiten für Kinder.

63 **Bory Mall,** 84106 Lamač, D2-Autobahnausfahrt Lamač beziehungsweise auf der parallel verlaufenden mautfreien B2 bis zum Kreisverkehr Richtung Devínska Nova Ves unter der Autobahn durch, Tel. 00421 2 69204849, www. borymall.sk, geöffnet: Mo.–Fr. 10–21, Sa./So. 9–21 Uhr. Riesige Shoppingmall am nördlichen Stadtrand von Bratislava mit einem reichhaltigen Parkplatzangebot. Eventuell ein interessanter Einkaufshalt für Autofahrer nach dem Besuch der Burgruine Devín **39**.

26 [G6] **Eurovea,** Pribinova 8, Straßenbahn 1, 3, 6 bis „Šafárikovo nám.", Tel. 00421 2 20915000, www.eurovea. sk, geöffnet: tägl. 10–21 Uhr. Moderne Shoppingmall mit vielen Boutiquen und Läden im gehobenen Preissegment. Daneben ein Billa-Supermarkt und etliche Gastronomie-Angebote.

◁ *Authentisch urbanes Leben findet man in der Alten Markthalle (s. S. 95) am SNP-Platz*

Mode

64 [E4] **CCC Shoes & Bags,** Obchodná 45, www.ccc.eu, geöffnet: Mo.–Sa. 9–20 Uhr. Großes Schuh- und Taschengeschäft in der gut frequentierten Einkaufsstraße Obchodná **29**.

65 [D5] **Ethno Sumba,** Klariská 14, Tel. 00421 950462467, www.ethnosumba.sk, geöffnet: Mo.–Fr. 10–19, Sa. 10–18, So. 11–18 Uhr. Bunte Ethno-Kleidung, Taschen und Accessoires.

66 [D5] **La Divina,** Ventúrska 18, Tel. 00421 948978663, geöffnet: Mo.–Fr. 10–18.30, Sa. 10–16 Uhr. Elegante Boutique mit gutem Service und neuester italienischer Mode.

67 [D5] **Sexy Woman & Absolute Joy,** Laurinská 8, Tel. 00421 905619085, www.ifg.sk, geöffnet: Mo.–Fr. 10–18, Sa. 10–14 Uhr. Nomen est Omen in diesem kleinen exklusiven Modeshop mitten in der Altstadt.

Alte Markthalle (Stará Tržnica)

Der Alten Markthalle am SNP-Platz **15** sollte man unbedingt einen Besuch abstatten. Denn hier findet man sie noch am ehesten: die alte Seele Bratislavas und die einheimische Bevölkerung. Fernab vom Hochglanz-Kommerz der Shoppingmalls werden im Erdgeschoss die Schmankerl der Region angeboten – von Gemüse über eingelegte Sauerkonserven bis hin zu Wein und Näschereien. Auf der Galerie finden an den Samstagen verschiedene Flohmärkte statt: Mal kann man Bücher kaufen, mal Kleidung und ein andermal Antiquitäten. In erster Linie aber trifft man sich in der Markthalle auf ein Schwätzchen oder ein Gläschen.

68 [E5] **Alte Markthalle,** Námestie SNP 25, geöffnet: Mo.–Fr. 10–20, Sa./So. 8–18 Uhr

Bratislava zum Träumen und Entspannen

Bratislava ist keine laute und hektische Stadt. Lauschige Plätzchen findet man sogar in den kleinen Gassen der stark frequentierten Altstadt oder im Bereich der **Burg** **20**. Besonders idyllisch ist die kleine Freifläche im Bereich der alten **Nikolauskirche**, die sich im Schlossgrund **18** unterhalb der Burg befindet. Doch auch die barocke Gartenanlage der Burg selbst hat etliche lauschige Ecken zu bieten – jeder wird seinen persönlichen Lieblingsplatz finden.

Rund um das Palais Grassalkovich **31** herrscht ein starker Autoverkehr; doch man muss nur hinter die Mauern der barocken **Gartenanlage Grassalkovich** huschen, um dem urbanen Treiben zu entfliehen und am eleganten Brunnen mit den nackten Damen in Sichtweite zum Maria-Theresia-Denkmal ins Träumen zu kommen.

Viele Einheimische und Touristen zieht es magisch an die Donau – die große alte Lebensader der Stadt. Zum neuen Geheimtipp haben sich die Bänke auf der **Alten Brücke** **25** entwickelt, von denen man den vielleicht schönsten Sonnenuntergang genießen kann; eventuell auch den schönsten Sonnenaufgang – je nachdem, wie lange die Nacht gedauert hat.

Die grünen Lungen der Stadt

Bratislava ist umgeben von echten Naturparadiesen. Im Norden beginnen am Fernsehturm Kamzík **36** die **Kleinen Karpaten** **37** mit dem **Waldpark Koliba** und dem mit kleinen Seen durchtränkten Naturidyll **Železná studienka (Eisenbrunnen)**.

Im Westen an der österreichischen Grenze erhebt sich der **Thebener Kogel (Devínska kobyla)** mit seiner einzigartigen Dünenformation am **Sandberg** 40. Im Süden zieht sich zwischen dem Stadtteil **Rusovce (Karlburg)** 33 und dem Danubiana Meulensteen Art Museum 35 ein naturbelassener Auwald – ein wahres Naturparadies nicht nur für Ornithologen.

Auch **in der Innenstadt** von Bratislava sorgen etliche **Parkanlagen** für Entspannung nach einem intensiven Besichtigungsprogramm. Auf dem der Altstadt gegenüberliegenden Donauufer erstreckt sich zwischen SNP-Brücke 23 und Alter Brücke 25 die hübsche Parkanlage **Sad Janka Kráľa** 24.

Nicht allzu weit vom Stadtzentrum entfernt befindet sich nordwestlich des sowjetischen Ehrenmals Slavín 32 der ausgedehnte **Horský-Park** [A1] mit einer Fläche von über 22 ha, einem nachgebildeten Jägerhaus samt Café und Streichelzoo.

Rund um Bratislava existieren ausgedehnte Wälder, hier am Thebener Kogel 40

Zur richtigen Zeit am richtigen Ort

März bis Juni

- **Bratislava-Marathon** (April, www.bratislavamarathon.com): Seit 2006 ein fixer Termin für Läufer aus ganz Europa. Im Rahmenprogramm gibt es sogar einen Wettbewerb für Krabbelkinder: einen Fünf-Meter-Lauf. Etwas anstrengender (11,6 Kilometer) ist der ebenfalls im April stattfindende **Nationallauf** zwischen Devín 39 und Bratislava, der bereits seit dem Jahre 1921 stattfindet (www.devin-bratislava.eu).
- **Bratislava für alle** (Bratislava pre všetkých, April, www.bratislava.sk): Tag der offenen Tür in vielen Museen und Galerien, meist bei kostenlosem Eintritt
- **Festival Cirkul'Art** (Mai/Juni, http://cirkulart.sk): internationales Zirkusfestival für Theater, Zirkus und Straßenkunst, das seit sechs Jahren viele Tausend Begeisterte in den Medizingarten (Medická záhrada [F3]) gelockt hat
- **Slovak Food Festival** (Mai, www.slovakfoodfestival.sk): großes Genussfestival in der Parkanlage auf der Burg 20 mit slowakischen Schmankerl inklusive Wein und Bier

❯ **Krönungsfeier** (Korunovačné slávnosti Bratislava, Ende Juni, www.kroenung.sk): Am letzten Juni-Wochenende wird Bratislava wieder zum alten Pressburg und gedenkt den ungarischen Krönungsfeierlichkeiten mit einem prachtvollen historischen Fest.

❯ **Viva Musica!** (Juni, www.vivamusica. sk): großes Open-Air-Festival mit klassischer Musik, wobei auch die Grenzen zu anderen Genres überschritten werden. Alles steht unter dem Motto „Classic goes modern". Das Festival findet an unterschiedlichen Plätzen statt, unter anderem auf einer Freilichtbühne an der Donau im Eurovea-Komplex **㉖**. Zudem finden den ganzen Sommer über in der Stadt Kammerkonzerte statt (www.visit bratislava.com/de/geschehen).

Juli bis Oktober

❯ **Shakespeare-Sommerfestspiele** (Letné Shakespearovské Slávnosti, Juli/August, www.wshakespeare.sk): Theaterfestival

auf der Bratislavaer Burg **⑳**, welches seit den 1990er-Jahren existiert und vom ehemaligen tschechoslowakischen Präsidenten Václav Havel initiiert wurde

❯ **Festival des historischen Fechtens** (August, www.tikdnv.sk): eine Art Mittelalterfestival für Groß und Klein mit vielen historischen Kostümen auf der Burg Devín **㊴** am westlichen Stadtrand Bratislavas

❯ **Tage der Meister ÚĽ'UV** (Ústredie ľudovej umeleckej výroby, Aug./Sept., www.uluv. sk): Volkskunst- und Genussfestival, bei dem Handwerker ihre Produkte präsentieren. Daneben gibt es kulinarische Spezialitäten und Folklore-Veranstaltungen.

❯ **Weinfeste** (ab Mitte September): In den Weinorten rund um Bratislava feiert man nach der Weinlese den roten und weißen Rebensaft; Feste finden unter anderem im nördlichen Vorort Rača (erreichbar mit Straßenbahnlinie 3) sowie in den Dörfern Svätý Jur, Pezinok und Modra statt (s. S. 84).

Feiertage

In der Slowakei gibt es über das Jahr verteilt sowohl religiöse als auch staatliche Feiertage. Einige davon sind mit zentraleuropäischen Feiertagen identisch, andere speziell auf die Slowakei bezogen:

❯ *1. Januar:* **Neujahr**
❯ *6. Januar:* **Dreikönigstag**
❯ **Karfreitag** *(zwei Tage vor Ostersonntag)*
❯ **Ostersonntag** *und* **Ostermontag** *(Sonntag und Montag nach dem ersten Frühlingsvollmond)*
❯ *1. Mai:* **Tag der Arbeit**
❯ *8. Mai:* **Tag des Sieges über den Faschismus**
❯ *5. Juli:* **Feiertag der Heiligen Kyrill und Methodius**

❯ *29. August:* **Jahrestag des Slowakischen Nationalaufstands**
❯ *1. September:* **Tag der Verfassung der Slowakischen Republik**
❯ *15. September:* **Feiertag der Muttergottes von den Sieben Schmerzen** *(Schutzpatronin der Slowakei)*
❯ *1. November:* **Allerheiligen**
❯ *17. November:* **Tag des Kampfes für Freiheit und Demokratie** *(Feiertag zum Gedenken an die Samtene Revolution 1989 sowie an die Studentendemonstrationen gegen das NS-Regime 1939)*
❯ *24. Dezember:* **Heiligabend**
❯ *25. Dezember:* **Weihnachten** *(1. Weihnachtsfeiertag)*
❯ *26. Dezember:* **Weihnachten** *(2. Weihnachtsfeiertag)*

049bi-se

❭ **Bratislavaer Jazztage** (Bratislavské Jazzové Dni, Oktober, www.bjd.sk): An vier Tagen im Herbst geben sich internationale Jazzgrößen in der slowakischen Hauptstadt die Klinke in die Hand. Der Sound reicht von klassischem Jazz über Big Band bis hin zu Cooljazz und Modern Jazz.

November bis Februar

❭ **Weihnachtsmärkte** (ab Mitte November): In den Wochen vor Weihnachten ist die Innenstadt in adventlichen Glanz gehüllt. Leider hat sich auch in Bratislava die Unsitte durchgesetzt, die Märkte bereits vor dem ersten Advent beginnen zu lassen. Trotz ihrer kommerziellen Ausrichtung besitzen die Weihnachtsmärkte auf der Promenade ❻ und auf dem Hauptplatz ❾ einen gemütlichen Charme

ohne viel Hektik. Besonders beliebt ist auch der romantische Adventsmarkt beim benachbarten Schloss Hof ❹❸ auf der österreichischen Seite, der nur an den Wochenenden stattfindet. In der Slowakei werden übrigens traditionell gerne Föhren als Christbäume verwendet.

❭ **Silvester:** In der Neujahrsnacht knallen in Bratislava die Sektkorken. Die gesamte Innenstadt verwandelt sich in eine Partyzone. Um Mitternacht steht ein großes Feuerwerk auf dem Programm. Viele Touristen verbringen Silvester in der Donaustadt, sodass Hotelbetten schnell ausgebucht sind.

❭ **Fasching (Karneval)** (Januar, Februar): Auch in Bratislava wird Fasching im Rahmen von Bällen und buntem Treiben am letzten Faschingswochenende gefeiert. Mit dem Treiben in Karnevalshochburgen wie Köln oder Mainz darf man die närrische Zeit natürlich nicht vergleichen; auch die Bälle sind weniger pompös als im benachbarten Wien. Die traditionellen Schlachtfeste auf dem Land, bei denen deftige Schmankerl serviert werden, gewinnen während der Faschingszeit wieder an Beliebtheit.

△ *Im Winter kann man vor dem Primatialpalast* ⓫ *auf einer kleinen Fläche Eislaufen*

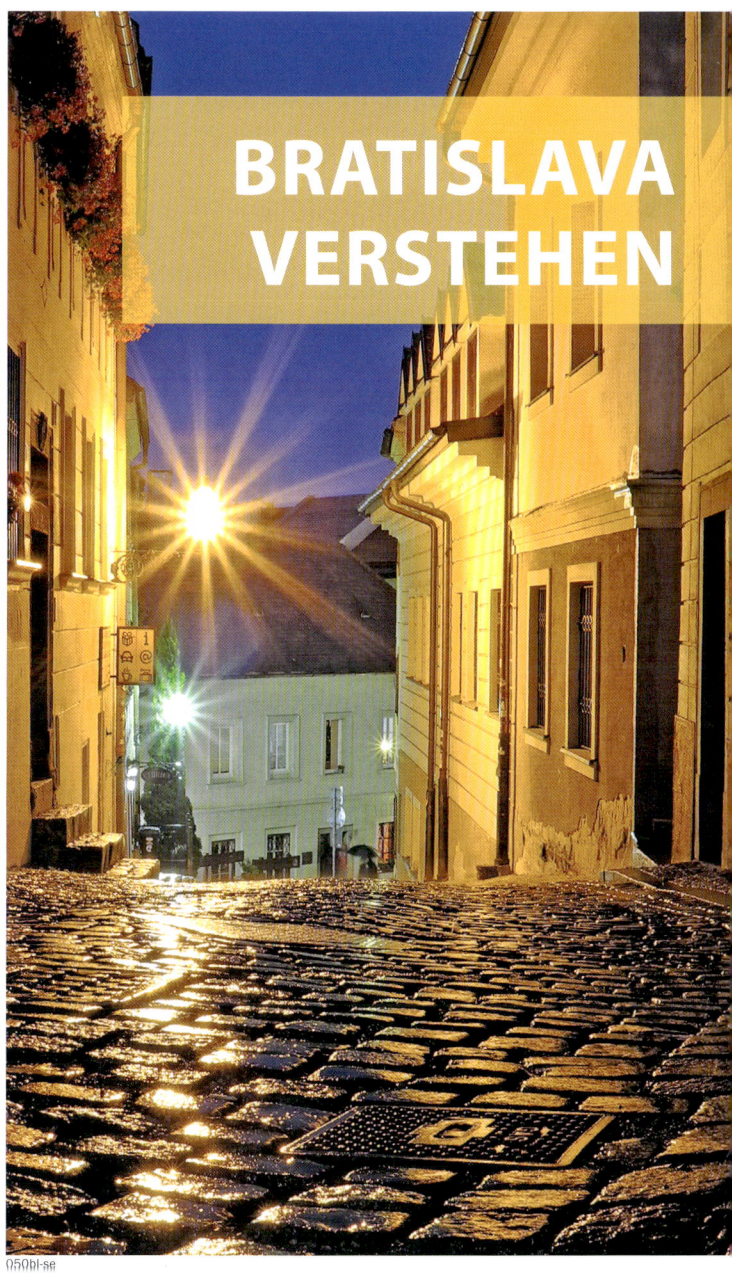

BRATISLAVA VERSTEHEN

050bl-se

Das Antlitz der Stadt

Das Gesamtbild der Donaumetropole lässt sich am besten von erhöhter Position aus überblicken – beispielsweise vom Plateau der Burg oder von der Aussichtsplattform der SNP-Brücke aus.

Bratislavas Antlitz ist geprägt von Kontrasten: Zum einen ist da das alte Pressburg mit der Burg, dem Martinsdom und **der pittoresken Altstadt** mit ihren verwinkelten Gassen, schiefen Dächern und barocken Türmen; zum anderen gibt es das moderne Bratislava mit seinen futuristischen Hochhäusern und dann ist da auch noch die sozialistische Stadt mit ihren charakteristischen **Plattenbausiedlungen**.

Vom Burgplateau aus genießt man sowohl einen Blick über Dom und Altstadt und die östlich gelegenen Finanz- und Bankentürme als auch über die Donau mit ihren drei markanten Brücken hinüber in den südlichen Stadtteil Petržalka und im Süden auf die pannonische Tiefebene. Östlich der Apollo-Brücke [H6/7] er-

◁ Vorseite: Kopfsteinpflaster in den kleinen Gassen unterhalb der Burg

kennt man das Industriegebiet und die Hafenanlagen Bratislavas.

Schweift der Blick die Donau entlang Richtung Westen, so erkennt man auch die Thebener Pforte zwischen der Burg Devín beziehungsweise dem Thebener Kogel und dem österreichischen Hainburg . Die beiden Anhöhen bilden quasi das Eingangstor der Donau in die Stadt Bratislava.

Während die südlich der Donau gelegenen **Stadtteile** wie die gesamte anschließende Donauebene flach sind, ist das alte Pressburg nördlich des Stromes von Hügeln und den beginnenden Kleinen Karpaten geprägt. Je weiter man nach oben gelangt, desto nobler werden die Stadtteile. **Villengegenden** erstrecken sich zwischen Burgberg und dem sowjetischen Ehrenmal **Slavín** . Wer die nördlichsten Besiedelungen hinter sich gelassen hat, taucht ein in das Waldgebiet der Kleinen Karpaten. Als markante Landmarke dieses Naherholungsgebiets dient der Fernsehturm auf dem **Gemsenberg (Kamzík)** . Mittlerweile erstreckt sich die Stadt sehr weit nach Osten. Hier lebt ein Großteil der Stadtbevölkerung; touristisch gibt es östlich der Blauen Kirche jedoch nicht mehr viele Highlights.

051bl-se

Von den Anfängen bis zur Gegenwart

Die Gegend rund um Bratislava kann gut und gerne **als vorzeitliche Keimzelle Mitteleuropas** bezeichnet werden. Kontinuierliche Besiedelung ist am Thebener Kogel ⑩ und am Burgberg in prähistorische Zeiten nachweisbar. Die Burg Devín ㊴ wird als Wiege der Slowakei bezeichnet. Hier an der March standen sich über Jahrtausende feindliche Heere gegenüber und unzählige Völker haben ihre Spuren hinterlassen: Römer, Kelten, Germanen, Awaren, Türken, Ungarn, Slowaken und viele andere mehr. Lange Zeit war die Slowakei ein Teil der österreichisch-ungarischen Doppelmonarchie und gehörte zum Königreich Ungarn.

Nach Ende des Ersten Weltkriegs wurde die Stadt Teil des neu gegründeten Staates Tschechoslowakei. Während des Zweiten Weltkriegs war Bratislava kurzzeitig Hauptstadt eines slowakischen Nationalstaates, ehe sie nach Kriegsende in die sowjetisch besetzte Tschechoslowakei eingebunden wurde. Stets stand Bratislava in der Folgezeit im Schatten der Zentralhauptstadt Prag, ehe sich die Slowakei nach der Samtenen Revolution 1989 im Jahre 1993 für unabhängig erklärte und Bratislava zur Hauptstadt des neuen europäischen Staates werden sollte, der 2004 in die EU aufgenommen wurde.

◁ *Die Donau ist die uralte Lebensader von Bratislava. Diesen Blick genießt man von der Alten Brücke* ㉕ *aus.*

KURZ & KNAPP

Bratislava in Zahlen

> **Gegründet:** 907 (erste urkundliche Erwähnung)
> **Einwohner:** 422.932 (Stand: 2015)
> **Ausländeranteil:** 3,1 Prozent
> **Kfz-Kennzeichen:** BA, BL
> **Bevölkerungsdichte:** 1150 Einwohner/km²
> **Fläche:** 367,7 km²
> **Höhe ü. M.:** 126 m (Donau) bis 514 m (Devínska Kobyla/Thebener Kogel)
> **Stadtbezirke:** fünf Bezirke mit insgesamt 17 Stadtteilen

Geschichtlicher Abriss

Ca. 300.000 v. Chr.: In der Gegend von Devín ㊴ und insbesondere im Bereich des Sandbergs ⑩ lassen sich für jene Zeit Funde aus der Frühzeit der Menschheit nachweisen.

Ab 400 v. Chr.: Die keltischen Boier siedeln in der Region und legen diesseits und jenseits der Donau Höhensiedlungen (Oppida) an. Ab 50 v. Chr. sichern im heutigen – südlich der Donau gelegenen – Teil Bratislavas die Römer den Donaulimes und errichten das Kastell Gerulata ㉞.

580–658: Nachdem germanische Quaden die Region verlassen haben, ist für das Ende des 6. Jahrhunderts eine slawische Besiedelung Bratislavas nachweisbar. Die Slawen befinden sich in Konflikt mit den die Region beherrschenden Awaren. Nach einem Aufstand im Jahr 623, der sich in der Gegend von Bratislava abgespielt haben soll, gründen slawische Stämme 623 das sogenannte „Reich des Samo", eine Konföderation, die wohl bis 658 existierte. Die Quellenlage ist jedoch dürftig.

800–900: Die Festungsanlagen von Pressburg und Devín ㊴ bilden wichtige Zentren des Fürstentums Nitra und nach

833 Großmährens. Das Fürstentum Nitra existierte ab 805 auf dem Gebiet der heutigen Westslowakei; die gleichnamige Hauptstadt liegt ca. 90 km östlich von Bratislava und existiert unter demselben Namen bis heute. In die zweite Hälfte des Jahrhunderts fällt die Regentschaft des legendären mährischen **Königs Svatopluk I.** (gestorben 894). Sein monumentales Reiterstandbild dominiert den Vorplatz der Burg 20 . Politisch richtet sich die Statue auch gegen ungarische Gebietsansprüche und soll den slawischen Ursprung der Slowakei manifestieren.

907: Im Zuge der „Schlacht von Pressburg", bei der bayerische Truppen eine herbe Niederlage gegen die Ungarn erleiden mussten und die Kolonisation der sogenannten Ostmark *(marcha orientalis)* bis auf Weiteres zum Erliegen kommt, wird Bratislava erstmals urkundlich erwähnt. Der ungarische Sieg markiert auch die langfristige Herrschaft der Magyaren über Pressburg.

955–1290: Nach der ungarischen Niederlage bei der Schlacht auf dem Lechfeld (955) in der Nähe von Augsburg beginnt die deutsche Besiedelung Pressburgs. Die sich um 990 zwischenzeitlich wieder unter bayerischer Kontrolle befindliche Stadt gelangt als Mitgift der bayerischen Prinzessin Gisela aufgrund ihrer Hochzeit mit Ungarns König Stephan I. an die Ungarn. Nach einem kurzen Intermezzo unter polnischer Herrschaft (1001) fällt Pressburg 1030 endgültig an das Königreich Ungarn. Es entsteht das Komitat Pressburg mit eigenem Münzprägerecht. In den folgenden Jahrhunderten ist die Stadt weiterhin umkämpft: Böhmische, bayerische und österreichische Versuche, die ungarische Vorherrschaft zu brechen, scheitern. Nach verheerenden mongolisch-tatarischen Raubzügen werden Stadt und Land ab 1241 neu besiedelt. Ab diesem Zeitpunkt stellen deutschspra-

chige Bewohner bis ins 20. Jahrhundert die Bevölkerungsmehrheit.

1291: Die Siedlung unterhalb der Burg 20 erhält unter dem ungarischen König Andreas III. das offizielle Stadtrecht; vermutlich bestanden aber schon davor Stadtrechte.

1405: Unter dem späteren Kaiser Sigismund aus dem Hause Luxemburg wird Pressburg in den Stand einer Königlichen Freistadt erhoben.

1428–1435: Mehrere Einfälle der Hussiten erschüttern die Stadt; schließlich einigt man sich mit den Aggressoren, welche wieder von Pressburg ablassen.

1445: Pressburgs erste feste Donaubrücke wird nach nur sechs Jahren von den Wassergewalten des Flusses zerstört.

1465: Unter Papst Paul II. und König Matthias Corvinus entsteht in Pressburg die erste Universität des Ungarischen Königreichs in Form der Universitas Istropolitana. Sie bildete damit die Vorläuferin der heutigen Comenius-Universität. Der Name Istropolis ist dabei aus dem Griechischen abgeleitet und bezeichnet Pressburg als Donaustadt. Bis heute existiert das im Renaissance-Stil errichtete Universitätsgebäude in der Venturgasse 2 (Ecke Panská).

1529: Während der Ersten Wiener Türkenbelagerung machen die Osmanen einen Bogen um die massiv befestigte Stadt; das Umland wird jedoch stark in Mitleidenschaft gezogen.

1536–1784: Da große Teile des heutigen Ungarns zum Osmanischen Reich gehören, übernimmt Pressburg die Rolle der ungarischen Hauptstadt. Ab 1563 werden die ungarischen Monarchen im Martinsdom 4 gekrönt. Bis heute erinnern

▷ *Im Martinsdom* 4 *sind die in Pressburg gekrönten ungarischen Häupter verewigt* die jährlichen nachgestellten Krönungs-feierlichkeiten (s. S. 97) daran.

Die Hauptstadt an der Donau erlebt auch im 17. Jahrhundert unruhige Zeiten, die geprägt sind von der Türkengefahr, anti-habsburgischen Rebellionen, Krankheiten und Hochwasserkatastrophen.

1700–1711: Der sogenannte Kuruzenkrieg, ein militärischer Aufstand des in Ungarn zum Nationalhelden gewordenen Adeligen Franz II. Rákózi gegen das Haus Habsburg, wütet rund um Pressburg. Das Wort Kuruzen ist dabei wissenschaftlich bis heute nicht eindeutig geklärt; Deutungen reichen von der Übersetzung als Aufständische über Beschützer bis hin zu jener als Kreuzzugsteilnehmer. In den Jahren 1710/1711 sterben während einer Pestepidemie etwa 3800 Stadtbewohner.

1712–1780: Die Stadt erlebt eine vom Spätbarock geprägte kulturelle Blüte. Es entstehen prächtige Palais und Gartenanlagen. In künstlerischer Hinsicht wird man stark vom benachbarten Wien beeinflusst. Beispielhaft dafür stehen die im Martinsdom ❹ geschaffenen Kunstwerke von Georg Raphael Donner.

1766: Im benachbarten Schloss Hof ⓭ findet eine der bedeutendsten „Promi-

Hochzeiten" des 18. Jahrhunderts statt: jene von Marie Christine, der Tochter von Kaiserin Maria Theresia, mit Herzog Albert von Sachsen-Teschen (s. S. 76). Das Pressburger Palais Grassalkovich ㉛ dient als Location für die prunkvolle Hochzeitsfeier, zu welcher Joseph Haydn ein eigens komponiertes Stück beisteuert. Der Herzog fungiert in der Folge bis 1780 als Statthalter Pressburgs.

1782: Mit ca. 33.000 Einwohnern ist Pressburg die größte Stadt des Königreichs Ungarn.

1784: Maria Theresias Sohn, Kaiser Joseph II., macht Buda (deutsch: Ofen) als einen der beiden Stadtteile des heutigen Budapest wieder zur ungarischen Hauptstadt. Daraus resultiert ein Bedeutungsverlust Pressburgs.

1787: Der Philologe Anton Bernolák veröffentlicht mit der „Dissertatio Philologico-Critica de Literis Slavorum" ein Standardwerk zur Entwicklung der Slowakischen Schriftsprache und avanciert damit zu einem der Vorreiter der aufkommenden slowakischen Nationalbewegung, die sich gegen die ungarische Vorherrschaft in der Region richtet.

1805–1815: Pressburg spielt während der Napoleonischen Kriege eine bedeu-

076blue

tende Rolle. Nach der österreichisch-russischen Niederlage in der sogenannten Drei-Kaiser-Schlacht bei Austerlitz (im heutigen Tschechien bei Brünn) wird 1805 im Primatialpalast ⓫ der Friede von Pressburg geschlossen, welcher die europäische Landkarte neu ordnet und für Österreich herbe Gebietsverluste bedeutet. Wie so häufig hielt auch dieser Friede nicht all zu lange: 1809 kommt es zur Belagerung Pressburgs durch Napoleons Truppen, bei der die Burg Devín ㉛ in die Luft gesprengt und die Pressburger Burg ⓴ 1811 infolge eines Brandes komplett zerstört wird.

1843: Ľudovít Štúr, ein bedeutender Vertreter der slowakischen Nationalbewegung, kodifiziert die bis heute bestehende Slowakische Schriftsprache am Evangelischen Lyzeum, einer Kaderschmiede der anti-ungarischen Bewegung.

1840–1900: Die europäische Industrialisierung verändert auch Stadtbild und Leben in Pressburg: Ab 1848 existiert eine Eisenbahnverbindung nach Wien, ab 1850 nach Budapest. 1856 eröffnet das erste Gaswerk, 1884 hielten elektrisches Licht und Telefon Einzug in der

Stadt. Ab 1895 nimmt die Straßenbahn ihren Betrieb auf.

1918: Unmittelbar nach der Niederlage Österreich-Ungarns im Ersten Weltkrieg und der damit einhergehenden Gründung der Tschechoslowakei proklamiert Pressburg für sich den Status der „Freien Stadt". Insbesondere deutsche und ungarische Bewohner, welche zusammen 70 Prozent der Bevölkerung stellen, stemmen sich gegen den neu gegründeten und von Prag aus regierten Staat. Kurzzeitig wird die Stadt nach dem amerikanischen Präsidenten Woodrow Wilson, der sich für das Selbstbestimmungsrecht der Nationalitäten stark gemacht hat, in Wilsonstadt beziehungsweise Wilsonov umbenannt.

1919: Die tschechoslowakische Armee (auch Legion genannt) nimmt die widerspenstige Stadt ein. Eine Demonstration am 12. Februar wird blutig niedergeschlagen; sieben Demonstranten werden getötet. Am 6. März wird Pressburg (slowakisch: Presporok) offiziell in Bratislava umbenannt. Die Umbenennung wird von Teilen der Bevölkerung ignoriert. In den Folgejahren verlassen viele deutsche und ungarische Bewohner die Stadt. Der slawische beziehungsweise slowakische Charakter der Stadt wird stärker.

1928: Bratislava wird innerhalb der Tschechoslowakei Hauptstadt des „Slowakischen Landes".

1938–1943: Nach dem Münchner Abkommen wird Bratislava die Hauptstadt der autonomen Slowakei, ab dem 14. März 1938 zur Hauptstadt der Slowakischen Republik, eines national-autoritär regierten Staates, welcher das Wohlwollen des Dritten Reiches genießt. Petržalka

▢ *Das Siegesdenkmal (s. S. 23) erinnert an die Befreiung Bratislavas durch die Rote Armee*

(deutsch Engerau) und Devín (Theben) **39** fallen an das Deutsche Reich. Wie in ganz Mittel- und Osteuropa wird auch in Bratislava die jüdische Bevölkerung schikaniert, verfolgt, deportiert und ermordet.

1944: Bratislava – insbesondere dessen Industrieanlagen – werden Ziel alliierter Bombenangriffe. Vom 29. August bis 28. Oktober kommt es zum Slowakischen Nationalaufstand, bei dem Teile von Armee und Bevölkerung sowie tschechoslowakische Partisanen gegen die zuvor von der slowakischen Regierung geduldete und von Teilen der Armee unterstützte Besatzung durch die Deutsche Wehrmacht kämpfen. Grund für die Okkupation war die Angst der deutschen Wehrmacht, die Slowakei könnte ähnlich wie zuvor Rumänien von den Achsenmächten abtrünnig werden. Bis heute ist die historische Beurteilung des Nationalaufstands uneinheitlich.

1945: Am 4. April erobert die Rote Armee die Stadt. Der Großteil der deutschen Bevölkerung flieht oder wird gewaltsam vertrieben. Auch die überlebenden Juden verlassen großteils die Stadt. Bratislava ist von nun an ethnisch eine fast ausschließlich slowakische Stadt.

1948–1960: Im Rahmen des Februarumsturzes übernimmt die Kommunistische Partei die alleinige Macht in der Tschechoslowakei; 1960 wird der kommunistische Führungsanspruch in der Verfassung festgeschrieben.

1956: Das slowakische Fernsehen nimmt seinen Betrieb auf. Ab den 1970er-Jahren sendet es vom Fernsehturm Kamzík **36** aus.

1960–1972: Mit dem Slavín **32** entsteht ein monumentaler sowjetischer Ehrenfriedhof, die Burganlage wird rekonstruiert und zwischen Burgberg und Petržalka baut man zwischen 1967 und 1972 die futuristische SNP-Brücke **23** als Prestigeprojekt sozialistischer Architektur.

Mit dem Brückenbau werden gleichzeitig große Teile des ehemaligen jüdischen Viertels mit der Synagoge unterhalb des Burgbergs zerstört.

1968: Mit dem auf der Burg Bratislava **20** am 30. Oktober beschlossenen Föderationsgesetz der beiden tschechoslowakischen Teilrepubliken wird Bratislava offiziell zur Hauptstadt der Slowakischen Sozialistischen Republik. Zuvor hatten im August Truppen des Warschauer Pakts während der Niederschlagung des Prager Frühlings auch Bratislava besetzt.

1970–1987: In Petržalka und vielen weiteren Vorstädten entstehen ähnlich wie in anderen Ostblockstaaten riesige Plattenbausiedlungen. Bis heute prägen sie die Skyline des südlichen Donauufers. Durch die Schaffung zusätzlichen Wohnraums und die Eingemeindung etlicher Vororte wächst auch die Bevölkerung Bratislavas stark an und überschreitet die 400.000-Einwohner-Marke. Im Gegensatz zu anderen Großstädten des Ostblocks steht die slowakische Hauptstadt wirtschaftlich vergleichsweise gut da.

1988: Erste Anzeichen der politischen Wende treten auf. Eine Demonstration von Katholiken gegen das totalitäre Regime wird am 25. März gewaltsam aufgelöst.

1989: Mit der sogenannten Samtenen Revolution endet die sozialistische Ära auch in Bratislava. Am 22. November demonstrieren 100.000 Menschen friedlich auf dem SNP-Platz **15**.

1991: Das VW-Werk im Vorort Devínska Nová Ves wird eröffnet. Bereits bis 2003 werden hier ca. eine Million Autos produziert.

1992–1993: Im Juli wird die friedliche Trennung der beiden tschechoslowakischen Teilrepubliken beschlossen. Im September wird auf der Burg die slowakische Verfassung unterzeichnet und ab dem 1. Januar 1993 ist Bratislava

Hauptstadt des neuen europäischen Staates Slowakei.

1990–2000: Viele Einwohner suchen nach der Wende im benachbarten Österreich oder weiter westlich ihr Glück. Die Einwohnerzahl geht zwischenzeitlich um einige Tausend zurück, pendelt sich jedoch bei ca. 420.000 Einwohnern ein.

2003: Gemeinsam mit benachbarten Regionen in Österreich und Ungarn bildet Bratislava einen Teil der Europaregion Centrope. Insbesondere die beiden Hauptstädte Wien und Bratislava bilden die zentrale Achse der Europaregion, in welcher insgesamt ca. sechs Millionen Menschen leben.

2000–2015: Das Antlitz der Stadt ändert sich in architektonischer Hinsicht enorm. Beidseitig der Donau entstehen moderne Hochhäuser aus Stahl, Glas und Beton. Große Teile der Altstadt werden ebenso wie die Burg ⓴ aufwendig renoviert. 2009 wird in der Slowakei der Euro als Währung eingeführt.

2016: Die Slowakei übernimmt den EU-Ratsvorsitz; Mitte September findet in Bratislava unter strengen Sicherheitsvorkehrungen der EU-Gipfel statt. Wichtige Themen sind der Brexit und die Flüchtlingskrise.

Leben in der Stadt

Bratislava ist nicht nur **eine der reichsten Städte der Slowakei,** sondern auch eine der reichsten im ehemaligen Osteuropa. Die Stadt zeichnet sich durch eine **hohe Lebensqualität** aus, hat im Vergleich zu anderen slowakischen Regionen eine **niedrige Arbeitslosigkeit** und fungiert als **wirtschaftlicher Motor des Landes.** Dies führte in den vergangenen Jahren allerdings auch zu einem sprunghaften **Anstieg der Preise** auf dem **Wohnungsmarkt** und **Lebenshaltungskosten.**

Da die Löhne in den meisten Bereichen nicht im selben Maß gestiegen sind, kommt der wirtschaftliche Aufstieg der Region bei vielen Menschen nicht an. Wie überall auf der Welt geht die **Schere zwischen Arm und Reich** auch in Bratislava auseinander. Die wirtschaftliche Elite residiert in ihren Traumvillen hoch über der Donau, die

▢ *Einige Häuser in der Altstadt warten noch sehnsüchtig auf ihre Sanierung*

054-bi.se

große Masse der Bevölkerung lebt relativ beengt in Plattenbausiedlungen aus der sozialistischen Ära.

Während bestimmte Berufsgruppen wie Lehrer und Pflegekräfte gehaltsmäßig auf der Stelle treten, verdienen EDV-Spezialisten und Mitarbeiter von Start-up-Unternehmen zum Teil deutlich mehr als der Durchschnitt der Bevölkerung. Mit dem **Digital Park** ist im Stadtteil Petržalka ein hypermodernes Zentrum für Computertechnologie entstanden. Weit über die Grenzen der Slowakei hinaus hat sich das kleine Silicon Valley an der Donau in der Szene einen Namen gemacht und lockt weiterhin kluge Köpfe an. Auch der Finanz- und Bankensektor hat sich in den vergangenen Jahrzehnten in Bratislava breitgemacht, was deutlich an den vielen neu entstandenen Hochhäusern mit ihren typischen Fassaden aus Glas und Stahl erkennbar ist.

Bedeutendster Wirtschaftsfaktor der Region ist aber die **Automobilindustrie.** Größter privater Arbeitgeber ist das riesige VW-Werk an der Grenze zu Österreich. Wo früher Rüstungsgüter produziert worden sind, laufen heute die unterschiedlichsten Modelle die Automobilriesen über die Förderbänder. Doch nicht nur VW lässt in der Slowakei produzieren; in keinem anderen Land der Erde werden pro Kopf so viele Autos hergestellt.

Die Boomtown Bratislava zieht Menschen aus den entferntesten Provinzen der Slowakei und aus aller Welt in ihren Bann. Das führt zwangsläufig zu Immobilienspekulationen. Die hohen Grundstückspreise haben mittlerweile sogar dazu geführt, dass sich die wirtschaftliche Mittelschicht Bratislavas Häuser im benachbarten österreichischen **Hainburg** 42 kauft und tagsüber in die Hauptstadt pendelt, da Wohnraum hier teilweise bereits günstiger zu haben ist.

Im Großen und Ganzen ist den meisten Einwohnern Bratislavas trotz der Kehrseiten des Kapitalismus nicht nach Jammern zumute. Viel zu lange hat man auf Freiheit und Demokratie verzichten müssen und genießt das Leben, soweit es der Geldbeutel zulässt.

Auch die EU ist in der Slowakei, insbesondere in Bratislava, beliebter als in anderen Regionen des Kontinents. Seit 2004 ist man Mitglied der Staatengemeinschaft, seit 2009 Teil der Eurozone und hat sich als **EU-Musterschüler** bewährt. In die allgemeine EU-Freundlichkeit mischen sich seit ein paar Jahren jedoch auch kritische Stimmen. Insbesondere die deutsche Flüchtlingspolitik betrachtet man argwöhnisch und Teile der Bevölkerung befürchten eine Islamisierung, wenngleich Moslems in der Slowakei eine verschwindend kleine Minderheit darstellen. Auch das in anderen Regionen teils problematische Verhältnis zwischen Teilen der slowaki-

△ *Seit 2004 ist die Slowakei Mitglied der EU; seit 2009 zahlt man mit dem Euro*

schen Bevölkerung und der Minderheit der Roma ist in Bratislava nur ein Randphänomen, da die meisten Roma im Osten des Landes leben.

Generell wird Bratislava aufgrund seines **Lebensstandards** und seines blühenden **Tourismus** von anderen slowakischen Städten und Regionen eher beneidet. Oft wird kritisiert, dass zu viele Steuergelder in die Hauptstadt fließen, während andere Landesteile vernachlässigt würden.

Was die **ökologischen Lebensfaktoren** betrifft, steht Bratislava mittlerweile ebenfalls gut da. Gab es früher durch die stinkenden Zweitaktmotoren und ungefilterten Industrieschlote oft Smog in der Stadt, kann man heute durchweg unbeschwert durchatmen. Die bewaldeten Ausläufer der Kleinen Karpaten tragen zusätzlich zur guten Luft bei. Sie werden auch gerne als Naherholungsraum genutzt.

Die Lebensfreude gehört zum slowakischen Naturell, man feiert gerne und trinkt auch gerne ein paar Bier mehr als der Durchschnittseuropäer.

Bratislava ist auch eine junge Stadt. Sie besitzt nicht nur die **älteste Universität** des Landes, sondern mit 20.000 Studenten auch die größte des Landes. Das Stadtbild hat sich in den letzten Jahren deutlich verändert. Wenngleich große Plattenbausiedlungen, etwa das rechts der Donau gelegene Petržalka, noch immer große Teile Bratislavas prägen, wurden große Teile der Altstadt renoviert und neue Denkmäler entstanden, die zur Identitätsstiftung der jungen Republik beitragen sollen. Auch der Kontakt zwischen Wien und Bratislava hat sich in diesen Jahren wieder intensiviert. Täglich findet ein kleiner Grenzverkehr zwischen den beiden Donau-Hauptstädten statt. Zwar sind die Preise für westeuropäische Touristen immer noch vergleichsweise niedrig, die einfache Bevölkerung kann sich die Annehmlichkeiten und den Luxus der neuen Zeit allerdings nur schwer leisten, weshalb viele Slowaken ihr Glück in Österreich suchen und dort arbeiten.

Bratislavas Brücken – die drei schönen Schwestern

Mit der futuristischen SNP-Brücke (Most SNP, Nový Most) **23** *samt UFO auf dem Brückenpfeiler besitzt Bratislava bereits seit den 1970er-Jahren eine der markantesten Donaubrücken Europas. Mit der nagelneu errichteten „Alten" Brücke (Starý Most)* **25** *ist im Jahr 2016 ein weiteres Schmuckstück der Brückenbaukunst hinzugekommen, das sich innerhalb weniger Monate zu einem beliebten Treffpunkt entwickelt hat. Und auch die Dritte im Bunde kann sich sehen lassen: die Apollo-Brücke [H6/7] im Osten der Stadt.*

Insgesamt fünf große Donaubrücken gibt es in Bratislava. Während die beiden Autobahnbrücken ganz im Westen und im Osten der Stadt architektonisch keine besondere Rolle spielen, gehören die drei innerstädtischen Brücken zu den echten Sehenswürdigkeiten der Stadt. Und dies aus gutem Grund: Schließlich ist Bratislava eine echte Donaumetropole. Im Gegensatz zu Wien hat man den Strom nicht aus der Innenstadt verbannt, sondern er strömt wie eh und je am Burgberg **20** und am Martinsdom **4** vorbei. Nicht nur durch den Schiffstourismus haben die Donau

und mit ihr ihre Brücken in den vergangenen Jahren wieder an Bedeutung gewonnen. Auch die Bevölkerung hat sich ihren Strom zurückerobert: Man trifft sich im Sommer auf den Stufen beim Štefánik-Denkmal (s. S. 54), bei den Bänken auf der Alten Brücke **25** oder am Donaustrand unterhalb der SNP-Brücke.

Jede der drei Brücken stammt aus einer anderen Epoche und spiegelt auch die Philosophie und den Zeitgeschmack der jeweiligen Zeit wieder: Die **SNP-Brücke 23** ist ein typisches Relikt aus der sozialistisch-autoritären Ära. Mit ihr sollte die Überlegenheit osteuropäischer Ingenieurskunst demonstriert und ein Gegenpol zur habsburgischen Altstadt gesetzt werden. Gleichzeitig steht sie auch für die Brutalität, mit der in den 1960er- und 1970er-Jahren städtebaulich vorgegangen worden ist. Durch den mit der SNP-Brücke einhergehenden Bau der Stadtautobahn wurde ein Teil der Altstadt dem Erdboden gleichge-

macht. Besonders für die jüngere Generation gehört das UFO aber längst zum gewohnten Stadtbild; die Brücke hat sich als bedeutendes Wahrzeichen längst etabliert.

Im Jahr 2016 ist die **Alte Brücke 25** aus dem Schatten ihrer großen Schwester getreten. Lange Jahre rostete die Stahlkonstruktion aus dem Jahr 1945 vor sich hin und war immer stärker vom Einsturz bedroht, ehe man sie ab 2013 komplett neu errichtete. Seither erstrahlt sie in neuem Glanz; das kräftige Grün der eleganten Stahlkonstruktion glänzt in der Sonne. Grün symbolisiert auch ein wenig die Philosophie der nagelneuen Sehenswürdigkeit: Durch die Abwesenheit des Autoverkehrs – die Brücke wird lediglich von Straßenbahnen befahren – und die umfangreiche Gestaltung als Fahrrad-, Fußgänger- und Begegnungsbrücke steht die Alte Brücke für den neu gewonnenen Umweltschutzgedanken Bratislavas und das Bemühen um die Schaffung urbaner Begegnungszonen. Gleichzeitig symbolisiert die Ähnlichkeit mit der ursprünglich noch aus der österreichisch-ungarischen Kaiserzeit stammenden Urbrücke auch

⌃ Stahlkonstruktion der Alten Brücke 25 – im Hintergrund die Apollo-Brücke

057bl-se

die Rückbesinnung auf alte Traditionen und ein Bekenntnis zum historischen Pressburg.

Touristisch die vielleicht unscheinbarste, weil am weitesten östlich gelegene der „drei Schwestern", ist die **Apollo-Brücke.** Aber auch sie ist mit ihrer charakteristischen, 234 Meter langen Bogenkonstruktion, die im Jahr 2005 eröffnet worden ist, ein echter Blickfang. Verkehrstechnisch entlastet sie die anderen Autobrücken der Stadt und ist gleichzeitig ein Beispiel für die moderne Architektur des jungen Staates Slowakei und sein Zugehörigkeitsgefühl zur Europäischen Union, der man ein Jahr vor Abschluss der Bauarbeiten beigetreten ist. Auf beiden Seiten der Brücke existieren ein Fußgänger- und ein Radweg. Benannt ist das Bauwerk nach der ehemaligen, nordwestlich gelegenen Apollo-Raffinerie. Von der Brücke aus hat man einen schönen Blick auf Bratislava und auf die nahe gelegenen Hafenanlagen.

Eine zusätzliche Brücken-Innovation kann seit 2016 an der **SNP-Brücke** 23 bestaunt werden: Sie dient neuerdings der **Wettervorhersage.** In Kooperation mit Siemens hat die Stadt ein Projekt verwirklicht, das Einheimischen und Touristen zu Land und zu Wasser die Wetterlage der kommenden Tage anzeigt. Dies geschieht mittels farbig leuchtender Anzeigen: Gelb symbolisiert Sonnenschein, Blau Regenwetter, Rot Wind und Grün Nebel beziehungsweise Bewölkung. Die Lichter sind auch unter der Brücke an den Bushaltestellen angebracht.

⌃ Prestigeprojekt aus der kommunistischen Ära: die SNP-Brücke 23 im Sonnenuntergang

PRAKTISCHE REISETIPPS

An- und Rückreise

Mit dem Flugzeug

Der **Flughafen** von Bratislava, **Letisko Milana Rastislava Štefánika** – benannt nach dem slowakischen Nationalhelden Milan Rastislav Štefánik (s. S. 54) –, liegt nur neun Kilometer außerhalb der Innenstadt in nordöstlicher Richtung. Vom Stadtzentrum ist er in circa 15 bis 20 Minuten erreichbar und bietet eine Direktverbindung in zahlreiche europäische Städte – unter anderem wird er von den Fluggesellschaften Ryanair, flydubai, Czech Airlines und Wizz Air genutzt. Für viele Europäer ist Bratislava durch die hier landenden Billigfluglinien eine Alternative zum Flughafen Wien/Schwechat. Ein Taxi ins Zentrum kostet 15 bis 20 €. Günstig gelangt man mit Bus 61 zum Hauptbahnhof.

- **69** Flughafen Letisko Milana Rastislava Štefánika, Ivanská cesta, 82001 Ružinov, Tel. 00421 2 33033353, www.airportbratislava.sk

Mit dem Auto

Wer von Deutschland, Österreich oder der Schweiz aus mit dem Auto anreist, kommt entweder über **München und Salzburg** (via deutsche A8) oder über **Passau** (via deutsche A3 und österreichische A8) auf die **Westautobahn (A1)** in Richtung Wien. Am Knoten Steinhäusl teilt sich die Autobahn; über die A 21 geht es durch den Wienerwald in den Südwesten Wiens. Weiter geht es auf der **A4 Richtung Budapest** bis zum Knoten Bruckneu-

◁ *Vorseite: Streetart findet man in Bratislava an vielen Wänden*

dorf und danach weiter auf die **A6** bis zur Staatsgrenze. Beim **Knoten Krizovatka Jarovce** geht es auf die slowakische **Autobahn D2 (Brno, Bratislava)** und dann weiter über die D1 Richtung „Centrum". Über die Donaubrücke erreicht man die Innenstadt. Für slowakische Autobahnen ist eine Vignette nötig (s. S. 115). Diese Kosten kann man umgehen, indem man auf der österreichischen A6 noch vor der Grenze die Ausfahrt Kittsee nimmt, Richtung Hainburg an der Donau **42** fährt und beim Kreisverkehr die Landstraße nach Bratislava nimmt. **Achtung:** Nach dem Grenzübertritt muss man aufpassen, sich nicht sofort auf die Autobahn (blaue Beschilderung) zu verirren, sondern hält geradeaus Richtung Petržalka zu halten und dann der Beschilderung Richtung „Centrum" zu folgen. Auch in diesem Fall gelangt man über die SNP-Brücke **23** in die Innenstadt.

Mit dem Zug

Wer von Deutschland, Österreich oder der Schweiz aus mit der Bahn nach Bratislava anreist, für den gilt: Alle Wege führen über den Wiener Hauptbahnhof. Innerhalb von vier Stunden fährt man beispielsweise mit dem **ÖBB-Hochgeschwindigkeitszug railjet** vom Münchner Hauptbahnhof zum Wiener Hauptbahnhof. Eine direkte ICE-Verbindung besteht von Frankfurt am Main aus über Regensburg und Passau. Nachtzüge (teils mit Umsteigen) verkehren von Hamburg, Berlin, Karlsruhe, Dortmund, Frankfurt am Main und München aus. In gut einer Stunde fährt man dann vom Wiener Hauptbahnhof weiter nach Bratislava – entweder zum **Hauptbahnhof Bratislava (Bratislava hlavná stanica)** [C/D1], welcher

059bl-se

sich näher am Stadtzentrum befindet, oder zum **Bahnhof Bratislava-Petržalka** im Süden der Stadt.

Vom Hauptbahnhof in Bratislava (Bratislava hl.st.) kommt man innerhalb von 15 Minuten ins Stadtzentrum oder man nimmt die Buslinie 93 (Ausstieg 2. Haltestelle Hodzovo nam. neben dem Präsidentenpalast oder 3. Haltestelle Zochova und durch die Unterführung zu Fuß ins Zentrum). Ebenso kann man die Buslinie X13 nutzen (Ausstieg 3. Haltestelle Namestie SNP am Rande der Fußgängerzone).

Vom ebenfalls von Wien aus angesteuerten **Bahnhof im Stadtteil Petržalka** fährt man mit der Buslinie 80 ins Stadtzentrum – Ausstieg 5. Haltestelle Zochova.

□ *Die Stadtautobahn bildet eine brutale Schneise, welche die Altstadt in zwei Hälften teilt*

EXTRATIPP

Günstig mit der Bahn von Wien nach Bratislava!

Eine bequeme und günstige Anreise vom Wiener Hauptbahnhof aus bietet das **EURegio-Ticket Slowakei (Bratislava-Ticket)** der ÖBB. Das Ticket gilt am ersten aufgedruckten Tag für die Hinfahrt nach Bratislava und dort zugleich als **Tageskarte für den öffentlichen Stadtverkehr** (MHD) bis 1 Uhr am Folgetag (am 1. Januar bis 6 Uhr). Die Hin- und Rückfahrt von und nach Wien zum **Preis von nur 16 €** (Kinder von 6 bis 14 Jahren 8 €) kann binnen einer **Geltungsdauer von vier Tagen** erfolgen. Die Tickets können direkt an den ÖBB-Automaten gekauft werden (Bratislava-Ticket). Auch die **Buslinien nach Devín** ❸❾, zum **Sandberg** ❹❿ und zum Grenzbahnhof nach Devínska Nová Ves gehören zum öffentlichen Stadtverkehrsnetz und können mit dem Bratislava-Ticket ebenfalls am ersten Tag kostenlos genutzt werden.

Mit dem Schiff

Vielleicht nicht die günstigste, dafür sicher die spektakulärste Art und Weise, von Wien aus die slowakische Hauptstadt anzusteuern, ist eine Schifffahrt mit dem **Twin City Liner!** Nur **75 Minuten** dauert die Fahrt auf der Donau und dem Wiener Donaukanal. Gestartet wird direkt im Herzen der österreichischen Metropole nur wenige Minuten vom berühmten Stephansdom entfernt. Auf der Fahrt gibt es jede Menge zu sehen: Nachdem das Schiff Wien verlassen hat, geht es durch den Nationalpark Lobau mit seinem ursprünglich erhaltenen Auwald, vorbei an den Städten Fischamend und Hainburg an der Donau 42, ehe man am spektakulären Ruinenfelsen von Devín 39 die Slowakei erreicht und kurz darauf von der majestätischen Burg Bratislavas 20 begrüßt wird.

Die speziell für den niedrigen Wasserstand des Donaukanals entwickelten Schnellkatamarane kreuzen bis zu fünfmal täglich zwischen Wiener Schwedenplatz und Donaulände in Bratislava.

Platz ist für 109 Personen in der Passagierkabine, acht Sitzplätze gibt es in der Captain's Lounge, zwölf Sitzplätze am Freideck; die Katamarane verfügen über Panoramafenster und Bordbuffet, sind behindertengerecht ausgestattet, voll klimatisiert und für die Mitnahme von Hunden und Rädern geeignet.

Der Twin City Liner legt an der Schiffsstation **Wien City** zwischen Marienbrücke und Schwedenbrücke am Donaukanal an. Dort gibt es neben dem Ticket-Verkaufsschalter auch das **Gate to Bratislava** – einen von der Stadt Bratislava betriebenen Informationsschalter. Die Schiffsanlegestelle in Bratislava befindet sich neben der SNP-Brücke 23, einen Katzensprung von der Altstadt entfernt. Auch das slowakische **Schifffahrtsunternehmen LOD** (s. S. 126) bietet Fahrten von und nach Wien an.

> Twin City Liner, Anlegestellen: Franz-Josefs-Kai 2, Schwedenplatz (Wien), U1/U4 Schwedenplatz, Ponton HUMA6, Razusovo nabrezie (Bratislava), Tel. 0043 158880 (Wien), 00421903610716 (Bratislava), www.twincityliner.com. Die Ticketpreise variieren je nach Saison und Abfahrtszeit und liegen für die einfache Fahrt zwischen 20 und 35 € (siehe Homepage). Regulärer Schiffsverkehr von April bis Oktober.

060bi-se

Autofahren

Prinzipiell ist man in Bratislava nicht auf das eigene Fahrzeug angewiesen. Fast alle beschriebenen Sehenswürdigkeiten sind gut mit öffentlichen Verkehrsmitteln zu erreichen. Große Bereiche der Innenstadt lassen sich auch zu Fuß erobern. Wer von der Autobahn in die Innenstadt fährt, hält sich an die Wegweiser. In angeheitertem Zustand sollte man auf keinen Fall ins Auto steigen. Die slowakische Exekutive kennt hier kein Pardon; es gelten strikte **0 Promille** am Steuer, ab 1 Promille Alkohol im Blut muss sogar mit einer Freiheitsstrafe gerechnet werden!

❯ **Autobahnvignette:** In der Slowakei gilt für Fahrzeuge unter 3,5 Tonnen – mit Ausnahme von Motorrädern (ohne Beiwagen) – auf Autobahnen, Schnellstraßen und ausgewählten Bundesstraßen Vignettenpflicht. Die 2016 eingeführten elektronischen Vignetten können online über die Homepage www.eznamka.sk, über die für iOS und Android verfügbare App „eznamka", an fast allen Tankstellen sowie an Selbstbedienungsautomaten an den Grenzen erworben werden. Beim Kauf ist Autokennzeichen, Gültigkeitsdauer und das Land der Fahrzeugregistrierung anzugeben (wichtig: alle Angaben unbedingt überprüfen!). Die Zahlung ist mit Kreditkarte, Bankomat mit Maestro-Funktion und in bar möglich. Der Käufer erhält einen Beleg, den er unbedingt gut aufbewahren sollte, um den Kauf des Tickets nachweisen zu können. Bei einer Verkehrskontrolle wird nur noch das Kfz-Kennzeichen überprüft. Eine 10-Tages-Vignette kostet 10 €, eine Monatsvig-

nette (30 Tage gültig) 14 € und eine Jahresvignette (13 Monate von Januar bis Januar gültig) 50 € (Stand: 2017).

❯ **Warnweste:** In der Slowakei müssen Automobillenker eine Warnweste mitführen, die an Tankstellen und Raststätten sowie bei Automobilklubs erworben werden kann.

❯ **Geschwindigkeitsbegrenzungen:** Für Pkw und Motorräder gelten in Ortschaften 50 km/h, außerorts 90 km/h, auf Autobahnen 130 km/h (Gespanne und große Wohnmobile über 3,5 t 90 km/h, außerorts 80 km/h).

❯ **ADAC-Pannennotrufnummer:** Tel. +49 89 222222 (Deutschland), +421 2 68249211 (ADAC-Partnerclub Slowakei)

❯ **Tanken:** Die Benzinpreise in der Slowakei sind ähnlich wie in Deutschland und Österreich.

❯ **Licht:** Auf allen Straßen muss tagsüber ganzjährig mit Abblendlicht gefahren werden.

Parken

In Bratislava existiert ein **Städtisches Parksystem** (Mestsky parkovaci system). Es gibt etliche Wegweiser, die zu Tiefgaragen und Parkhäusern führen. Daneben existieren auch einige private oberirdische Parkplätze.

Die Altstadt ist großteils eine **Parkverbotszone**. In dieser Zone (erkennbar durch das Schild mit der Aufschrift „Zona") ist das Parken ausschließlich auf den Flächen möglich, die zum Parken bestimmt sind (P-Schild mit Parkuhr). Die Gebühr zahlt man an Werktagen zwischen 8 und 16 Uhr. Auf den Straßen im Stadtzentrum sind insgesamt mehr als 50 Parkautomaten in Betrieb (Menü auch auf Deutsch). An den Parkautomaten kann die Länge der Parkzeit ausgewählt werden. Nach dem Bezahlen des Grundtarifs für 30

◁ *Auf der Donau verkehren Fracht- und Passagierschiffe. Von Wien aus kann man auf dem Fluss anreisen.*

Kostenloses Parken an der Donau

Wer für einen Tagesausflug nach Bratislava kommt, kann im Stadtteil **Petržalka** direkt an der **Alten Brücke** 25 beim Gasthaus Mýtny domček (s. S. 87) auf einer großen, teils unasphaltierten Fläche an der Donau kostenlos parken. Über die Brücke ist es von hier weit hinüber in die Altstadt. Auch die einheimischen Pendler sowie Busse mit Tagesausflüglern parken gerne auf diesem Areal. Über Nacht sollte man das Auto hier aber sicherheitshalber nicht stehen lassen.

Minuten in Höhe von 0,60 € (Mindestparkgebühr) ermöglicht der Automat die Auswahl einer eigenen Länge der Parkdauer gemäß dem Wert der eingeworfenen Münzen (10 Cent/5 Min.). Den Zeitraum, für den die Parkgebühr bezahlt ist, stellt der Automat auf einem Bildschirm dar. Wenn dem Fahrer dieser Zeitraum zusagt, drückt er die grüne Taste und der Automat druckt einen Parkschein aus.

Die **Strafen fürs Falschparken** betragen zwischen 30 und 60 €. Häufig wird mit **Wegfahrsperren** gearbeitet. Wenn man sich unsicher ist, ob man an dem ausgewählten Platz wirklich parken darf, sollte man lieber die Einheimischen zu Rate ziehen.

P70 [D5] **Garáž Carlton**, Hviezdoslavovo nám. 3, Tel. 00421 905728631, www.carlton.sk/parkovanie/9?lang=de, 24 Stunden geöffnet. Großes Parkhaus an der Promenade 6 mit 400 Stellplätzen auf vier Ebenen.

P71 [D5] **Garáž Centrum**, Uršulínska 6665, Tel. 00421 2 54417861, www.ppg.sk, 24 Std. geöffnet. Zentral in der Nähe des Hauptplatzes 9 gelegenes Parkhaus mit 163 Stellplätzen.

Barrierefreies Reisen

Bratislava hat in den vergangenen Jahren viel dafür getan, dass Menschen mit Behinderung einen angenehmen Aufenthalt in der Stadt genießen können. Dennoch ist der Zustand der barrierefreien Infrastruktur noch verbesserungsbedürftig. Gehund sehbehinderte Menschen müssen leider mit etlichen Herausforderungen rechnen, die eine sorgsame Planung voraussetzen.

> **Anreise:** Der Flughafen Bratislava wurde komplett barrierefrei ausgebaut und kann von Personen mit Handicap uneingeschränkt genutzt werden. Falls Hilfe vom Flughafenpersonal erwünscht ist, muss dies 48 Stunden vor Reiseantritt der Fluggesellschaft gemeldet werden (Informationen unter: www.bts.aero/en/services/assistance-services). Niederflurbusse verkehren in regelmäßigen Abständen zwischen Flughafen und Hauptbahnhof sowie in das Stadtviertel Petržalka. Bratislavas Hauptbahnhof (Bratislava hlavná stanica beziehungsweise Bratislava hl. st.) ist nur zum Teil barrierefrei ausgebaut. Blindenleitstreifen sind auf den Bahnsteigen vorhanden. Der Bahnhof Petržalka ist barrierefrei zugänglich und mit Aufzügen ausgestattet.

> **Fortbewegung in der Stadt:** Abgesenkte Bordsteine erlauben es Rollstuhlfahrern an den meisten Kreuzungen und Fußgängerübergängen, die Straße gefahrenfrei zu überqueren. Nach und nach werden auch Blindenleitstreifen zur Verfügung gestellt. Generell sollten Menschen mit Behinderung Vorsicht walten lassen, da außerhalb der Altstadt mit Schlaglöchern und kaputten Gehsteigen zu rechnen ist. Die Unterführung am „Hodžovo námestie" nahe dem Palais Grassalkovich (Präsidentenpalast) 31 verfügt über Hebebühnen, die Rollstuhlfahrern

ein sicheres Überqueren der Kreuzung gestatten. Zudem besteht so ein Zugang zum Infobüro der Verkehrsbetriebe ZSSK (s. S. 119), welches sich in der erwähnten Unterführung befindet.

❭ **Öffentlicher Nahverkehr:** Die Barrierefreiheit des ÖPNV ist derzeit noch im Aufbau begriffen. Es verkehren mittlerweile mehrheitlich Niederflurbusse (besonders auf den Linien, die die Hauptlast tragen und zu wichtigen Lokalitäten fahren). Im Fahrplan sind Abfahrten mit einem garantierten barrierefreien Zustieg mit einem Rollstuhl gekennzeichnet. Die Straßenbahnen verfügen leider noch nicht über barrierefreie Zustiege. Grundsätzlich sind jedoch sowohl Niederflurstraßenbahnen als auch weitere Niederflurbusse geplant, sodass in Zukunft mit einer weiteren Verbesserung der Lage gerechnet werden kann.

❭ **Museen und Sehenswürdigkeiten:** Das Historische Museum in der Burg ⑳ ist barrierefrei. Auch die meisten weiteren Museen und Galerien der Altstadt können trotz körperlicher Einschränkungen besichtigt werden. Gleiches gilt für das Danubiana Meulensteen Art Museum ㉟. Zur Burgruine Devín ㊴ hinauf führt ein relativ steiler Weg. Auch die Kopfsteinpflasterwege und Treppen hinauf zur Burg ⑳ können für Rollstuhlfahrer Unannehmlichkeiten mit sich bringen. Das Aussichtslokal auf der Brücke des slowakischen Nationalaufstands (SNP-Brücke) ㉓ stellt kein Hindernis dar und kann mit einem Aufzug erreicht werden; zur Freiluft-Aussichtsplattform führt allerdings nur eine enge Treppe.

❭ **Einkaufen:** Große Einkaufszentren wie Aupark (s. S. 94) oder Eurovea ㉖ sind barrierefrei.

❭ **Schiff:** Der Twin City Liner (s. S. 114) ist behindertengerecht ausgestattet, sodass einer Schifffahrt auf der Donau nichts im Wege steht.

Diplomatische Vertretungen

● **72** [D6] **Botschaft der Bundesrepublik Deutschland,** Hviezdoslavovo nám. 10, Tel. 00421 2 59204400, in Notfällen: Tel. 00421 903444633, www.press burg.diplo.de, geöffnet: Mo.–Fr. 9–12 Uhr (außer an bestimmten Feiertagen)

● **73** [D4] **Konsularabteilung der Österreichischen Botschaft,** Hodzovo namestie 1 A (5. Stock im Bürogebäude „Astoria"), Bushaltestelle Hodzovo namestie, Tel. 00421 2 59301500, www.bmeia.gv.at/oeb-pressburg, geöffnet: Mo.–Fr. 9–12 Uhr (ausgenommen österreichische und slowakische Feiertage)

● **74** [D5] **Schweizer Botschaft,** Michalská 12, Tel. 00421 2 59301111, www.eda.admin.ch/bratislava

Geldfragen

Die Slowakei ist ein **günstiges Reiseland,** wenngleich sich die Preise jenen in den meisten westeuropäischen Ländern angenähert haben. Insbesondere die Hauptstadt Bratislava zählt innerhalb der Slowakei eher zum teureren Pflaster. Dennoch sind die Preise **für deutsche und österreichische Touristen** immer noch sehr **erschwinglich.** Freilich sind die meisten Restaurants in der Altstadt etwas teurer als am Stadtrand.

Besonders **Bierliebhaber** kommen in der Slowakei auf ihre Kosten. Der Preis für einen halben Liter bewegt sich zwischen 1,50 und 3 €. Doch auch antialkoholische Getränke und Speisen sowie **Eintrittsgelder** sind in der Regel etwa um ein Drittel günstiger als in der Heimat. Für einen Tag in Bratislava sollte man ohne Hotel etwa 30 bis 50 € einplanen.

Geld sparen mit der Bratislava City Card

Die Bratislava City Card bietet **Ermäßigungen für viele Sehenswürdigkeiten** und Attraktionen. Zudem kann man **kostenlos mit den öffentlichen Verkehrsmitteln** in den Zonen 100 und 101 (gilt auch nach Devín oder zum Danubiana Meulensteen Art Museum) fahren. Des Weiteren sind eine deutschsprachige Broschüre und ein einstündiger Stadtrundgang in deutscher Sprache inbegriffen. Er beginnt um 14 Uhr bei der Tourist Info in der Klobučnícka 2 (s. rechts, Anmeldung bis spätestens 12 Uhr). Kinder unter 15 Jahren haben in Begleitung eines Erwachsenen Anspruch auf den kostenlosen Stadtrundgang; Kinder unter 6 Jahren fahren im Nahverkehr gratis und haben kostenlosen oder ermäßigten Zutritt zu Museen, Galerien und Attraktionen; Kinder über 6 Jahre fahren im Nahverkehr zum halben Fahrpreis und genießen die Vergünstigungen ebenfalls. Wer mit dem Bratislava-Ticket der ÖBB anreist (s. S. 113), sollte bedenken, dass hier ebenfalls am ersten Tag der ÖPNV inbegriffen ist, und für sich ausrechnen, ob sich die Investition lohnt.

Eine eintägige Bratislava City Card kostet 12 €, die zweitägige Variante 14 € und die dreitägige BCC 16 €. Erhältlich ist sie unter anderem an der Tourist Info in der Klobučnícka 2 oder im ZSSK Kundenzentrum im Hauptbahnhof. Die Karte ist nicht übertragbar und nur mit Namen des Inhabers sowie Ausstellungsdatum und Uhrzeit gültig. Infos zu den Vergünstigungen der unterschiedlichen Sehenswürdigkeiten und Aktivitäten erhält man unter: www.visitbratislava.com/de/bratislava-city-card.

Bereits seit 2009 hat die slowakische Krone als Währung ausgedient und man kann bequem mit dem **Euro** bezahlen. Die kleinen **slowakischen Münzen** (1, 2 und 5 Cent) haben als Motiv den Berg Kriváň in der Hohen Tatra. Die mittleren Münzen (10, 20 und 50 Cent) ziert die Burg **⑳** von Bratislava. Auf der 1- und 2-Euro-Münze ist das slowakische Wappen abgebildet. Es zeigt das Patriarchenkreuz aus dem 9. Jh. (Doppelkreuz), welches auf einem sogenannten Dreiberg steht.

Informationsquellen

Infostellen zu Hause

> **Slowakische Zentrale für Tourismus Deutschland,** Hildebrandstraße 25, 10785 Berlin, Tel. 030 25942640, http://slovakia.travel/de, geöffnet: Di.–So. 10–17 Uhr
> **Slowakische Zentrale für Tourismus Österreich,** Opernring 1, 1010 Wien, Tel. 01 5139569

Infostellen in der Stadt

❶75 [D5] **Touristeninformation in der Altstadt,** Klobučnícka 2, Tel. 00421 2 16186 (Mo.–Fr. 9–16.30 Uhr), 00421 2 59356651 (ab 16.30 Uhr und an Wochenenden), www.visitbratislava.com, geöffnet: April–Okt. tägl. 9–19, Nov.–März 9–18 Uhr. Hier erhält man kostenlose mehrsprachige Pläne und Broschüren, kann sich für Stadtführungen anmelden und handgemachte lokale Souvenirs sowie die Bratislava City Card (s. links) erwerben. Außerdem werden Unterkunftsmöglichkeiten vermittelt.

❶76 **Touristeninformation Flughafen,** Letisko M. R. Štefánika, Ivanská cesta Halle A, Tel. 00421 2 38103988, geöff-

net: Mo. 12–15.30 und 16–21,
Di. 10.30–14 und 14.30–18, Mi.
11.30–16, Do. 10.30–15.30 und
17.30–21.45, Fr. 12–15.30 und
16–21, Sa. 11–14.30 und 15–18,
So. 11–14.30 und 15–17 Uhr

ℹ**77** [D1] **ZSSK Kundenzentrum –
Hauptbahnhof Bratislava,**
geöffnet: Mo.–So. 6.25–19.30 Uhr

ℹ**78** [D4] **ZSSK Kundenzentrum – Hodžovo
námestie (Unterführung),** geöffnet: Mo.–
Fr. 8–12 und 12.30–18 Uhr

Die Stadt im Internet

> www.visitbratislava.sk: Umfangreiche,
wenngleich nicht immer detaillierte Infos
auf Deutsch bietet das Internetportal der
städtischen Tourismusbehörde.

> www.welcometobratislava.eu: englisch-
sprachige Internetseite mit aktuellen
Events, Gastro- und Unterkunfts-Tipps
sowie Sehenswürdigkeiten

Publikationen und Medien

> www.pressburger.eu – Pressburger Zei-
tung: Die deutschsprachige Zeitung mit
slowakischen Kurzfassungen erscheint
zweimal pro Monat in einer Auflage von
7000 Stück. Auf der Onlineplattform
erscheinen täglich aktuelle Nachrich-
ten. Gegründet wurde die Pressburger
Zeitung bereits 1764; als deutschsprachige Tageszeitung erschien sie durch-
gehend bis 1929 und wurde 2004 von
Stephan Wolf wiederbelebt. Erhältlich ist
sie an Zeitungskiosken, an touristischen
Hot-Spots sowie in einzelnen Hotels und
Restaurants.

Smartphone-Apps

> **IMHD.SK:** App des öffentlichen Nahver-
kehrs in Bratislava inklusive Haltestellen, Fahrplänen und Karte (kostenlos für
Android und iOS)

Meine Literaturtipps

> *Der Onkel aus Preßburg: Auf ös-
terreichischen Spuren durch die
Slowakei,* Dietmar Grieser, Amal-
thea Verlag. *Wissenswertes, Amü-
santes und scheinbar Vergessenes
in der Beziehung zwischen den
beiden Nachbarländern.*

> *Von Pressburg nach Salzburg:
Grenzgänge zwischen Städten,
Völkern und Regionen der
k. u.k. Monarchie,* Peter Jano-
vicek und Robert Hofrichter, Sty-
ria Verlag. *Reich bebildertes
Buch, das in die Geschichte und
die Geschichten Pressburgs ein-
taucht und dabei auch einen Bogen nach Salzburg schlägt.*

061bi·se

⌂ *Die wichtigsten Sehenswürdigkeiten sind gut beschildert*

> **HOPIN TAXI:** Mit dieser App kann man
sich über das Smartphone ein Taxi
bestellen (kostenlos für Android und
iOS).

Öffentliches Internet

Fast alle großen Hotels bieten mittlerweile kostenloses **WLAN** und auch Pensionen ziehen nach. Etliche öffentliche Einrichtungen wie Restaurants oder Cafés besitzen WLAN-Hotspots. Dadurch und durch die Verbreitung von Smartphones sterben Internetcafés langsam aus. Mittlerweile sind WLAN-Hotspots in der Stadt weit verbreitet und das Netz wird immer dichter. Beispielsweise gibt es im Bereich des Hauptplatzes **❾** öffentliches WLAN. Eine Übersicht über Hotspots findet man unter: http://wifiportal.pcnews.sk/zoznam.php?mesto=3.

Medizinische Versorgung

Die Europäische **Krankenversicherungskarte EHIC** ersetzt seit 2004 den Auslandskrankenschein. Mit ihr kann man in der Slowakei medizinische Versorgung in Anspruch nehmen; die anfallenden Kosten werden von der gesetzlichen Krankenkasse des Patienten erstattet. **Vorkasse** ist nicht nötig, wird aber in Einzelfällen dennoch verlangt. Die Europäische Krankenversicherungskarte ist kostenlos bei der Krankenkasse des Versicherten erhältlich oder bereits auf der normalen Karte hinten aufgedruckt. Wer eigens wegen einer ärztlichen Behandlung nach Bratislava reist, muss für die Kostenübernahme vorher die Zustimmung des zuständigen Krankenversicherungsträgers einholen. Die Karte ersetzt keine Auslandsreisekrankenversicherung, da vor allem der Krankenrücktransport in die Heimat nicht mitversichert ist.

Daher ist der Abschluss einer Zusatzversicherung für den Auslandsaufenthalt überlegenswert.

Eine **Liste mit deutsch- oder englischsprachigen Ärzten** findet man unter www.pressburg.diplo.de/cont entblob/3257838/Daten/6225398/rzteliste.pdf.

Krankenhaus

✚79 **Ružinovska poliklinika,** Ružinovská, 10, Straßenbahn 8, 9 bis „Nemocnica Ružinov", Tel. +421 2 48279111, www.ruzinovskapoliklinika.sk. Täglich geöffnete Poliklinik.

Apotheken

Apotheken findet man überall in Bratislava. Sie heißen in der Slowakei **Lekáreň.** Die beiden folgenden Apotheken befinden sich in der Altstadt:

✚80 [D5] **Centrum U Zlatého Grifa,** Sedlárska 2, Tel. 00421 2 54431642, geöffnet: Mo.–Fr. 8.30–18.30, Sa. 9.30–17.30 Uhr

✚81 [D5] **Lekáreň BENU,** Sedlárska 12, www.benulekaren.sk, Tel. 00421 2 20634145, geöffnet: tägl. 9–20 Uhr

Mit Kindern unterwegs

Bratislava gehört zu den europäischen Hauptstädten, die sehr gut mit Kindern bereist werden können: nicht zu groß, nicht zu hektisch, nicht gefährlich und viel Grün sind nur einige Argumente, die für einen Familienausflug sprechen. Zudem hat sich die Stadt selbst etwas sehr kindlich Verspieltes erhalten. An vielen Ecken der Stadt findet man beispielsweise die lustigen Bronzeskulpturen wie den **Čumil** (s. S. 26), der frech aus einem Gulli herausblickt.

Kinder mögen in der Regel gerne Burgen und Schlösser. Davon hat

055blse

Bratislava gleich zwei zu bieten: die **Burg** ❷⓿ mit Gartenanlage und Spielplatz sowie die **Ruine Devín** ❸❾, wo Kinder sich in Ritter und Burgfräulein verwandeln und im Sommer etliche Amüsements angeboten werden.

Türme zu befahren oder zu besteigen, kommt beim Nachwuchs meistens auch gut an. Hier bieten sich die UFO-Aussichtsplattform der **SNP-Brücke** ❷❸, der **Fernsehturm** auf dem Kamzík ❸❻ oder der Barockturm des **Michaelertors** ❶ an.

Bratislava verfügt auch über einen sympathischen **Zoo** ❸❽ mit angeschlossenem Dinosaurier-Park. Nicht weit davon entfernt bieten die **Kleinen Karpaten** ❸❼ mit dem Wald- und Seengebiet in Železná studienka sowie der Waldpark Koliba etliche Freizeitmöglichkeiten von Wandern bis Bootfahren.

Falls nach einer Wanderung die Füße wehtun, bietet sich die Fahrt auf einem Donau-Ausflugsschiff (s. S. 126) an.

△ *Bratislava ist ein lohnendes Reiseziel für Familien*

Spielplätze finden sich über die ganze Stadt verteilt: wie schon erwähnt auf dem Burgplateau, in der Gartenanlage beim Palais Grassalkovich ❸❶ oder im Sad Janka Kráľa ❷❹ in **Petržalka**.

Notfälle

> ❭ **Notruf:** Tel. 112
> ❭ **Polizei:** Tel. 158 oder 112
> ❭ **Feuerwehr:** Tel. 150
> ❭ **Unfallrettung:** Tel. 155
> ❭ **ÖAMTC-Notdienst (Österreichischer Automobilklub):** Tel. 0043 12512000
> ❭ **ADAC-Pannendienst:** Tel. 0049 89222222
> ❭**82** [F4] **Bezirkspolizeidirektion (Polícia SR Krajské riaditeľstvo),** Špitálska 14, Tel. 00421 961011111

Kartenverlust

Bei **Verlust der Debit-(EC-)**, **Kredit-** oder **SIM-Karte** gibt es für Kartensperrungen eine **deutsche Zentralnummer** (unbedingt vor der Reise klären, ob die eigene Bank bzw. der jeweilige Mobilfunkanbieter diesem Notrufsystem angeschlossen ist). **Aber Achtung:** Mit der telefonischen Sperrung sind die Bezahlkarten zwar für die Bezahlung/Geldabhebung mit der PIN gesperrt, nicht jedoch für das **Lastschriftverfahren mit Unterschrift.** Man sollte daher auf jeden Fall den Verlust zusätzlich **bei der Polizei zur Anzeige bringen**, um gegebenenfalls auftretende Ansprüche zurückweisen zu können.

In **Österreich** und der **Schweiz** gibt es keine zentrale Sperrnummer, daher sollten sich Besitzer von in diesen Ländern ausgestellten Debit-(EC-) oder Kreditkarten vor der Abreise bei ihrem Kreditinstitut über den zuständigen Sperrnotruf informieren.

Generell sollte man sich immer die **wichtigsten Daten** wie Kartennummer und Ausstellungsdatum **separat notieren,** da diese unter Umständen abgefragt werden.

❭ **Deutscher Sperrnotruf:**
Tel. +49 116116 oder
Tel. +49 3040504050

❭ **Weitere Infos:** www.kartensicherheit.de, www.sperr-notruf.de

Öffnungszeiten

Die meisten **Museen** sind zwischen 10 und 17 Uhr geöffnet; montags sind fast alle Museen geschlossen. **Banken** haben in der Regel von Montag bis Freitag zwischen 8 und 18 Uhr offen. Die **Geschäfte** der Innenstadt sind montags bis freitags zwischen 8 und 18 Uhr geöffnet, manche auch länger. Kleine Geschäfte machen oft von 12 bis 13 Uhr Mittagspause. Durch das vergleichsweise liberale slowakische Ladenöffnungszeitengesetz kann man in etlichen Geschäfte auch **sonntags einkaufen;** große Supermärkte und Shoppingmalls (s. S. 94) sind gar bis 21 Uhr geöffnet.

EXTRATIPP

Mit dem Fahrrad von Wien nach Bratislava oder umgekehrt

Bratislava ist eine der wichtigsten Stationen des **Donauradwegs,** der von der Donauquelle in Donaueschingen bis zur Mündung ins Schwarze Meer führt. Eine Etappe verbindet die österreichische Metropole Wien mit der slowakischen Schwesterstadt. Wer gut in die Pedale tritt, schafft die einfache Strecke an einem Tag und kann mit dem Zug wieder zurückfahren. Hier die Streckenführung von Wien aus: Von der Wiener Inneren Stadt erreicht man über den Prater den Donauradweg und fährt in Richtung Hainburg **42,** überquert dann die Donau über einen Damm beim Hafen Freudenau und folgt dem Radweg durch das Naturschutzgebiet der Donauauen. Man passiert dabei das hübsche Schloss Orth. Hinter der Ortschaft Stopfenreuth überquert man ein weiteres Mal die Donau und kann nach Belieben im malerischen Hainburg eine Pause einlegen, ehe es am südlichen Donauufer nicht mehr weit nach Bratislava ist. Über die SNP-Brücke **23** gelangt man in die Altstadt. Reine Fahrzeit für die einfache Strecke: 4–6 Stunden.

062bi-se

Post

Standardbriefe und Postkarten ins europäische Ausland kosten **90 Cent Porto.** Normalerweise kommen Ansichtskarten ins Ausland innerhalb von drei bis vier Tagen beim Empfänger an.

Briefmarken gibt es auf den Postämtern und in Kiosken.

✉ **83** [D4] Slovenská pošta Bratislava 1, Námestie SNP 35, Straßenbahn bis „Námestie SNP", Tel. 00421 2 54433330, www.posta.sk, geöffnet: Mo.–Fr. 7–20, Sa. 7–18 Uhr

Radfahren

Fahrradverleih

● **84** [C7] **Bike Point,** Viedenská (unterhalb des Brückenpfeilers der SNP-Brücke ㉓), Bus 93 Aupark, Tel. 00421 907683112, www.bratislavabikepoint. com, geöffnet: Ende April–Anfang Juni und Okt., Nov. am Wochenende zwischen 10 und 18 Uhr, Mitte Juni–September tägl. 10–18 Uhr. Am Donauufer kann man Fahrräder ausleihen. Für einen halben Tag zahlt man 10 €, für den ganzen Tag 15 €. Außerdem werden organisierte Fahrradtouren – etwa zur Burgruine Devín ㊳ – angeboten.

Schwule und Lesben

Die Slowakei ist in Sachen Homosexualität ein **zwiegespaltenes Land.** Während etwa die Hälfte der Bevölkerung alternativen Lebensentwürfen und gleichgeschlechtlichen Part-

◁ *Viele Radfahrer kommen über den Donauradweg nach Bratislava*

nerschaften tolerant gegenübersteht, tritt der andere Teil der LGBT-Community eher mit Vorbehalten gegenüber. Besonders in ländlich geprägten Regionen treffen Schwule und Lesben oft auf Ablehnung und tun sich schwer, selbstbewusst ihren Lebensstil in der Öffentlichkeit zu zeigen. Viele Homosexuelle hat es daher bereits zur Zeit der Tschechoslowakei in die damalige Hauptstadt Prag gezogen.

Insbesondere in den letzten beiden Jahrzehnten hat sich die junge slowakische Hauptstadt Bratislava für Schwule und Lesben zum Positiven entwickelt, wenngleich der Weg teilweise steinig war. Kam es beispielsweise beim ersten Christopher Street Day im Jahr 2010 noch zu gewalttätigen Auseinandersetzungen mit Gegendemonstranten und Polizei, so ist die jährlich stattfindende **Dúhový Pride Parade** mittlerweile zum festen Bestandteil im Jahreskalender der Stadt geworden.

Prinzipiell ist Bratislava durch seine weltoffene und liberale Prägung wie die meisten anderen mitteleuropäischen Großstädte ein **lohnenswertes Reiseziel für die LGTB-Community.** Wer als homosexuelles Pärchen Händchen haltend durch die Straßen der Altstadt spaziert, braucht in der Regel keine Angst vor Anfeindungen oder gar körperlicher Gewalt zu haben, wie dies etwa in Russland gang und gäbe ist. Zum intoleranten Naserümpfen kann es in Bratislava ebenso kommen wie in jeder anderen europäischen Stadt. Mittlerweile gibt es auch einige Adressen, die für Schwule, Lesben, Bisexuelle und Transgender von Interesse sein könnten. Hier eine kleine Auswahl:

● **85** [C4] **Apollon Gay Club,** Panenská 24, Bus Hodžovo nám., Tel. 00421 948900092, www.gdisco.sk, geöffnet:

Di., Do. 18–3, Mi., Fr., Sa. 18–5 Uhr. Ältester Schwulenklub der Slowakei; in der Nähe des Präsidentenpalais ❶ gelegen.

○**86** [C5] **Tepláreň Café**, Zámocká 30, Straßenbahn 5, 9 bis „Kapucínska", www.queerslovakia.com, aktuelle Veranstaltungen über Facebook, geöffnet: Mo.–Sa. 16–24 Uhr. Beliebtes Café der LGBT-Community im Schlossgrund ❶ nördlich der Burg.

❯ Umfangreiche Infos für Schwule gibt es im Internet unter: www.gayinfo.sk

Sicherheit

Bratislava ist eine sichere Stadt. Die Gefahr, bestohlen zu werden, ist geringer als in Prag oder Budapest. Dennoch sollte man insbesondere in der Hochsaison bezüglich der eigenen Habseligkeiten die üblichen Sicherheitsvorkehrungen beachten, um kein leichtes Opfer für Langfinger zu werden. Auch die Gefahr, Opfer eines Gewaltverbrechens zu werden, ist in Bratislava äußerst gering. Die Stadt zeichnet sich durch ein tolerantes und friedfertiges Klima aus. Die in anderen Teilen der Slowakei immer wieder auftretenden Konflikte zwischen Teilen der Bevölkerung und der Minderheit der Roma sind in Bratislava nicht zu beobachten. Zudem zeigt die slowakische Hauptstadt eine sichtbare, präventive **Polizeipräsenz**. Die Wahrscheinlichkeit, Opfer eines Autodiebstahls zu werden, ist ebenfalls sehr gering. Wer mit einem teuren Auto anreist, sollte dieses jedoch lieber auf einem bewachten Parkplatz abstellen.

Etwas wilder kann es zu später Stunde zugehen, insbesondere an den Wochenenden. In Bratislava wird nämlich gerne und ausgiebig gefeiert, was in den Zentren des Nachtlebens – insbesondere in der Straße Obchodná ❷ und in der Altstadt – teilweise zu erhöhter **Lärmbelästigung** durch Betrunkene führen kann.

Wer etwas außerhalb des Zentrums nächtigt und sich zu Fuß oder in öffentlichen Verkehrsmitteln nachts eher unwohl fühlt, sollte sich sicherheitshalber mit dem Taxi zum Hotel fahren. Hier empfiehlt es sich, vorab vom Taxifahrer den Preis ungefähr einschätzen zu lassen, um überteuerte Fahrten auszuschließen.

Sprache

Slowakisch gehört zu den **westslawischen Sprachen**. Sie ist sehr eng verwandt mit dem Tschechischen. In Zeiten der Tschechoslowakei – insbesondere zwischen 1945 und 1990 – wurde von der slowakischen Bevölkerung Tschechisch genauso gut gesprochen und verstanden wie Slowakisch.

Seit der Trennung der beiden Staaten ist das Tschechische weniger präsent, während das Slowakische dominiert. Die jüngere Generation tut sich dementsprechend schwer mit dem Verständnis des Tschechischen.

Touristen haben in Bratislava keine Verständigungsprobleme. Viele Slowaken sprechen sehr gut Englisch, etliche auch hervorragend Deutsch. Die meisten Speisekarten, Informationstafeln und Info-Broschüren über die Hauptsehenswürdigkeiten sind mehrsprachig.

▷ *Mit einem kleinen roten Bus beziehungsweise einer Bimmelbahn kann man die Altstadt bequem erkunden*

Dennoch freuen sich die slowakischen Gastgeber natürlich, wenn deutsche oder österreichische Gäste „bitte", „danke" oder manch kleinen Satz in der slowakischen Sprache zum Besten geben.

Wer sich näher mit dem Slowakischen befassen möchte, dem bietet sich als schneller Einstieg der Kauderwelsch-Band **„Slowakisch Wort für Wort"** von John Nolan aus dem REISE KNOW-HOW Verlag an.

Stadttouren

Stadtrundfahrten

Mehrere Unternehmen bieten unterschiedliche Stadt- und Themenrundfahrten an. Hier eine Auswahl:

❯ **Tour 4 u Travel Agency,** Panská 37, Tel. 00421 903302817, www.tour4u.sk. Das Unternehmen bietet Stadtrundfahrten mit einer Art roter Bimmelbahn, die auch in der Fußgängerzone verkehren darf. Man kann zwischen der Alt-

stadtfahrt, der Burgfahrt und der großen Stadtrundfahrt wählen (10 €, Kinder 5 €). Daneben stehen auch Schnellboot-Trips auf der Donau auf dem Programm. Start ist an der Promenade ❻ beim alten Nationaltheater.

❯ **authentic slovakia,** Drotárska cesta, Tel. 00421 908308234, www.authenticslovakia.com. Das Unternehmen verspricht Touren abseits des Mainstreams, etwa die Post Socialist City Tour in einem Škoda aus den 1970er-Jahren, die unheimliche Ruinen-Tour in Devín ❸❾ oder die Wander- und Trinktour am Sandberg ❹⓿ inklusive des berühmt-berüchtigten Ribiselweins (s. S. 72). Treffpunkt ist am SNP-Platz ❶❺ oder nach Vereinbarung vor dem jeweiligen Hotel.

❯ **Taste Bratislava – Food Tours,** Tel. 00421 902700868, www.taste-bratislava.com. Bei diesen Touren wird man nicht abnehmen. Sie entführen ihre Gäste in die kulinarische Welt der slowakischen Küche und in die Weinkeller der Region. Treffpunkt ist vor dem alten Nationaltheater auf der Promenade ❻.

063bl-mb

Stadtrundgänge

Thematische Touren durch Bratislava und die Umgebung bietet die Tourist-Info an. Täglich starten von dort um 14 Uhr einstündige **Stadtrundgänge** – auch in deutscher Sprache (mit Bratislava CARD kostenlos). Interessenten sollten sich mindestens zwei Stunden vor Beginn anmelden (weitere thematische Stadtführungen inklusive Preisen siehe Homepage).

❯ **Touristeninformation** (s. S. 118), Tel. 00421 2 16186, www.visitbratislava. com/de/was-lauft/besichtigung

Segway-Touren

●**87** [D5] **Bratislava Segway,** Laurinská 3, Tel. 00421 903416410, www.bratisla vasegway.sk. Unterschiedlich lange Segway-Touren durch die Stadt (zwischen 25 und 24 € pro Person).

Donauschifffahrt

Das slowakische **Schifffahrtsunternehmen LOD** führt von Ende April bis Oktober 45-minütige **Panoramafahrten** sowie Ausflugsfahrten zur Burgruine Devín **39**, zum Danubiana Meulensteen Art Museum **35** und nach Wien durch. Anlegestelle ist auf der Altstadtseite zwischen SNP-Brücke **23** und Alter Brücke.

❯ **LOD,** Fajnorovo nábrežie 2, Straßenbahn „Nam. Ľ. štúra", 00421252932226, 1733598326 www.lod.sk. Die Preise bewegen sich zwischen 7 € (Panoramafahrt) und 44 € (Hin- und Rückfahrt nach Wien) pro Person.

Telefonieren

Die **Ländervorwahl für die Slowakei** lautet **00421.** Die **Vorwahl von Bratislava** ist die **02.** Wer von einem nicht slowakischen Handy oder vom Ausland aus eine Festnetznummer in Bratislava anrufen möchte, wählt zunächst die 00421 und lässt dann die 0 der Ortsvorwahl weg. Wer von der Slowakei aus nach **Deutschland** telefonieren möchte, wählt die 0049; die **Ländervorwahl der Schweiz** lautet 0041, die nach **Österreich** 0043.

Besitzer von Smartphones sollten darauf achten, dass das **Datenroaming** deaktiviert ist, da ansonsten zusätzliche Gebühren anfallen können.

Die kostenlose internationale **Notrufnummer lautet 112.** Ab Sommer 2017 sollen die Roaming-Gebühren innerhalb der EU – also auch in der Slowakei – entfallen. Sicherheitshalber sollte man dennoch die aktuellen Entwicklungen im Auge behalten.

Unterkunft

In Bratislava stehen Unterkunftsmöglichkeiten in allen Preisklassen zur Verfügung. In den letzten Jahrzehnten sind etliche Hotels eröffnet worden; in die Jahre gekommene Häuser wurden renoviert. In der Regel wird

Preiskategorien

Die im Anschluss aufgeführten Hotels befinden sich größtenteils zentrumsnah, teilweise aber auch über das gesamte Stadtgebiet verteilt. In der Regel besteht durch das gut ausgebaute Netz der öffentlichen Verkehrsmittel auch hier eine gute Anbindung ans Zentrum. Die angegebenen Preiskategorien gelten für zwei Personen im Doppelzimmer mit Frühstück. Die Preise können sich jedoch schnell ändern.

€	bis 60 Euro
€€	60–120 Euro
€€€	über 120 Euro

064b-se

man auch noch kurzfristig ein Hotelzimmer finden, speziell in der Hauptsaison zwischen Juni und September lohnt es sich jedoch, rechtzeitig zu buchen. Sehr viele Hotels befinden sich in der Altstadt oder nicht weit von ihr entfernt, sodass Touristen nachts zu Fuß ins Hotel gehen können und nur selten auf ein Taxi angewiesen sein werden. Pro Nacht und Person wird eine Übernachtungssteuer von knapp 2 € erhoben.

Unterkunftstipps

🏨**88** [D5] **APLEND CITY Hotel Michalska** €€, Baštová 4, Tel. 00421 903998111, www.aplendcity.com/sk/hotel-mich alska. **Zentraler geht's nicht:** schlafen mitten im Herzen der Altstadt in einem historischen Gebäude beim Michaelertor ❶ zum relativ günstigen Preis.

🏨**89** [D4] **Austria Trend Hotel Bratislava** €€, Vysoká 7490/2A, Straßenbahn 1, 5, 7, 8 bis „Poštová", Tel. 00421 2 52775800, www.austria-trend.at/de/hotels/bratis lava. **Österreich in Bratislava:** modernes, zentral gelegenes Hotel mit sauberen Zimmern und gutem Service.

🏨**90** [B6] **Botel Marina** €, Nábrežie armádneho generála Ludvíka Svobodu, Straßenbahn 4, 6 bis „Chatam Sofer", Tel. 00421 254641805, www.botelmarina. sk. **Schlummern auf der Donau:** Wie der Name schon andeutet, schläft man hier auf einem fest am Ufer installierten Boot mit Restaurant. Einfache Ausstattung.

🏨**91** [A3] **Hotel Albrecht** €€, Mudroňova 4237/82, Bus 203, 207 bis „Červený kríž", Tel. 00421 902333888, www. hotelalbrecht.sk. **Angenehm und mit Stil:** Das Albrecht ist ein schönes, ruhig gelegenes Hotel nordwestlich der Altstadt mit Wellnessbereich und guter Küche.

🏨**92** [H3] **Hotel Apollo** €-€€, Dulovo nám. 1, Tel. 00421 2 55968922, www.apollo hotel.sk. **Ein Hauch Sozialismus:** Dieses westlich der Altstadt gelegene Hotel mit viel Charme atmet noch immer den Geist der 1950er-Jahre, wurde aber erst kürzlich komplett renoviert und bietet beste Qualität zu annehmbaren Prei-

🔼 *Bratislava verfügt über ein großes Hotelangebot*

sen; nebenbei hat man von den höheren Stockwerken aus auch einen wunderbaren Blick.

🏠**93** **Hotel Bratislava** €€, Seberiniho 9, Straßenbahn 9, 14 bis „Súmračná", Tel. 00421 220606100, www.hotelbratis lava.sk. **Gut und günstig:** großes Hotel mit einem ordentlichen Preis-Leistungs-Verhältnis am östlichen Stadtrand von Bratislava in einer eher unattraktiven Gegend.

🏠**94** [F5] **Hotel Danubia Gate Bratislava** €€€, Dunajska 26, Tel. 00421 233056480, www.danubiagate.sk/en. **Ein bisschen Luxus:** komfortables Hotel im Herzen der Altstadt, das keine Wünsche offen lässt.

🏠**95** [D6] **Hotel Devín** €€, Riecna 4, Tel. 00421 259985111, www.hoteldevin. sk. **Blick auf die Donau:** sehr schönes Hotel, zentral und ruhig direkt an der Donau gelegen. Freundlicher Service.

🏠**96** **Hotel SET** €€, Kalinčiakova 29a, Straßenbahn 2, 4 bis „Odbojárov", Tel. 00421 249109600, www.hotelset.sk. **Modern und ruhig:** Das Hotel Set ist zwar etwas außerhalb der Altstadt gelegen, dafür ist es sauber und gemütlich und nachts ist es ruhig.

🏠**97** **Hotel Viktor** €€, Kremnická 26, Tel. 00421 263452084, www.hotelvik tor.sk/de. **Nicht weit von der Grenze:** modernes, günstiges und ruhiges Hotel im südlich der Altstadt gelegenen Stadtteil Petržalka. Mit dem Auto von Österreich aus sehr gut zu erreichen.

🏠**98** [H1] **Lindner Hotel Gallery Central** €€, Metodova 4, Straßenbahn 2, 4, 8, 9 bis „Trnavské mýto", Tel. 00421 2 39930000, www.lindner.de/bratis lava-hotel-gallery-central/ankommen. html. **Hoch über der Stadt:** Viersternehotel mit Pool auf dem Dach und schönem Blick auf die Stadt von den meisten Zimmern aus.

🏠**99** [E6] **Marrol's Boutique Hotel** €€, Tobrucká 6953/4, Straßenbahn

8 bis „Nám. Ľ. Štúra", Tel. 00421 257784600, www.hotelmarrols.sk. **Retro-Charme:** Die Zimmer sind in diesem außergewöhnlichen Hotel im Retro-Stil ausgestattet. Alles wirkt mondän und gepflegt. Gutes Preis-Leistungs-Verhältnis, zentrale Lage und ein gepflegter Spa-Bereich.

🏠**100** [E4] **Patio Hostel** €, Špitálska 2196/35, Straßenbahn 3, 4, 7, 9 bis „Mariánska", Tel. 00421 252925797, www.patiohostel.com. **Für den kleinen Geldbeutel:** Das Hostel wirbt mit den günstigsten Zimmern der Stadt, Zentrumsnähe und WLAN.

🏠**101** **Penzion Helios** €, Podhorská 5278/1, Bus 28 Na hriadkach, Tel. 00421 903420206, www.penzionhe lios.sk. **Beim Naturschutzgebiet:** Diese Pension liegt außerhalb von Bratislava am Fuße des Sandbergs ⁴⁰ und nahe der Burgruine Devín ³⁹ und ist für Wanderungen im Gebiet des Thebener Kogels (Devínska Kobyla) ideal.

EXTRAINFO

Buchungsportale

Neben Buchungsportalen für Hotels (z. B. www.booking.com, www.hrs.de oder www.trivago.de) bzw. für Hostels (z. B. www.hostelworld.de oder www.hostelbookers.de) gibt es auch Anbieter, bei denen man Privatunterkünfte buchen kann. Portale wie www.airbnb.de, www.wimdu.de oder www.9flats.com vermitteln Wohnungen, Zimmer oder auch nur einen Schlafplatz auf einer Couch. Diese oft recht günstigen Übernachtungsmöglichkeiten sind nicht unumstritten, weil manchmal normale Wohnungen gewerblich missbraucht werden. Wenn die Stadt regulierend eingreift, kann das zu kurzfristigen Schließungen führen. Eine Buchung unterliegt also einem gewissen Restrisiko.

Verkehrsmittel

Öffentlicher Nahverkehr

Eines vorweg: Der öffentliche Nahverkehr in der Millionenstadt Wien ist übersichtlicher als der in Bratislava. Manchmal ist es nicht ganz einfach, sich im Spinnennetz von Bus- und Straßenbahnlinien zu orientieren. Zum Glück sind die Besucher in Bratislava aber nur selten auf den ÖPNV angewiesen. Die wichtigsten Sehenswürdigkeiten der Innenstadt liegen nah beieinander und Tagesausflügler werden meist nicht mehr als zwei bis drei Fahrten mit Bus oder Straßenbahn unternehmen, die übrigens am ersten Tag im Bratislava-Ticket der Österreichischen Bundesbahn (ÖBB) inbegriffen sind (s. S. 113).

In Bratislava verkehren insgesamt **neun Straßenbahnlinien** und **unzählige Buslinien**. Die **Straßenbahn** (*tramvaj*) fährt zwischen 5 Uhr morgens und 23.30 Uhr nachts fast ausschließlich auf der nördlichen Donauseite. Seit 2016 steuern die beiden Linien 1 und 3 auch das südlich der Donau gelegene Petržalka über die Alte Brücke **25** an, die kostspielig für den Straßenbahnverkehr ausgebaut wurde. Zu später Stunde gibt es Nachtbusse, von denen die meisten am Hauptbahnhof losfahren und die im Stundentakt verkehren (mit „N" gekennzeichnet).

Bratislava mit Hund

In öffentlichen Verkehrsmitteln muss man für den Vierbeiner zahlen; kleine Hunde können in Transporttaschen auf dem Schoß kostenlos mitfahren. Nicht alle Hotels und Taxifahrer akzeptieren Hunde, weshalb die Tiere immer vorab angemeldet werden müssen. Eine Leine und einen Maulkorb anzulegen, ist in den öffentlichen Verkehrsmitteln und im Stadtzentrum Pflicht. In den meisten Galerien und Museen sowie auf dem gesamten Burgareal sind Hunde verboten. Kaum Einschränkungen wiederum gibt es in den meisten Cafés, Restaurants und Finkaufszentren. Lebensmittelläden akzeptieren grundsätzlich keine Hunde.

065bi-se

▷ *Der große Busbahnhof unterhalb der SNP-Brücke* **23**

Die Busse verkehren in der Innenstadt zu den Stoßzeiten in Intervallen zwischen 5 und 15 Minuten. Wer entfernte Ziele wie die Burg Devín **39** ansteuert, sollte sich über die genauen Fahrzeiten informieren – insbesondere an Sonn- und Feiertagen.

Fahrkarten werden nach Zeitabschnitten zwischen 15 Minuten und 7 Tagen verkauft und richten sich nach der Fahrtlänge. Sie sind entweder an den **Automaten an den Haltestellen** oder an **Kiosken** erhältlich und vor der Fahrt zu entwerten.

Vorsicht ist beim **Besteigen und Verlassen** der Busse geboten. Im Vergleich zu anderen Städten warten die Busfahrer oft nicht, bis alle Fahrgäste in Ruhe ein- bzw. ausgestiegen sind, sondern schließen die Türen unter einem unangenehmen Alarmton teilweise sehr abrupt. Deshalb stets flott ein- und aussteigen! Zudem muss man sich insbesondere zu den **Stoßzeiten** morgens und am Nachmittag auf sehr volle Busse und Straßenbahnen einstellen. Die Bevölkerung ist dies seit vielen Jahren gewohnt, man rückt zusammen und bewahrt Ruhe.

Den Verkehrslinienplan, den Nachtlinienplan sowie einen Routenplaner findet man im Internet als PDF unter: http://imhd.sk/ba/maps.

❯ Offizielle Seite des öffentlichen Nahverkehrs: www.dpb.sk/de

Ticketpreise

Eine 15-minütige Fahrt kostet 0,70 €, eine 60-Minuten-Fahrt (inkl. Umstieg) 0,90 €, 24-Stunden-Karten schlagen mit 4,50 € zu Buche, 48-Stunden-Tickets kosten 8,30 €, 72-Stunden-Tickets 10 € und Wochenfahrscheine 15 €. Das EURegio-Ticket Slowakei (Bratislava-Ticket) der ÖBB (s. S. 113) gilt am ersten aufgedruckten Tag als Tagesticket für den öffentlichen Stadtverkehr (MHD), gültig bis 1 Uhr am Folgetag.

Wetter und Reisezeit

Das Wetter in Bratislava ist vergleichbar mit dem in anderen mitteleuropäischen Städten, insbesondere dem benachbarten Wien. Allerdings zeigt sich klimatisch bereits ein typisches Kontinentalklima. Üblicherweise gibt es oft heiße Sommer mit wenig Niederschlag und kalte, schneereiche Winter. Im Herbst und Winter liegt, bedingt durch die Donau, oft Nebel über der Stadt. Der Temperaturdurchschnitt beträgt im Sommer circa 21 Grad, im Winter –1 Grad. Prinzipiell kann man Bratislava zu jeder Jahreszeit besuchen; die beliebteste Zeit ist von Mitte April bis Mitte Oktober – insbesondere sind es die Monate August und September.

Durchschnitt	**Wetter in Bratislava**											
Maximale Temperatur	1°	3°	9°	15°	20°	23°	25°	24°	20°	14°	6°	2°
Minimale Temperatur	–5°	–3°	1°	5°	9°	12°	14°	14°	11°	6°	1°	–3°
Regentage	14	12	12	11	11	11	12	12	10	10	14	15
	Jan	Febr	März	Apr	Mai	Juni	Juli	Aug	Sept	Okt	Nov	Dez

ANHANG

Kleine Sprachhilfe Slowakisch

Diese Sprachhilfe stammt aus dem Sprachführer „Slowakisch – Wort für Wort",
Kauderwelsch-Band Nr. 81, der im REISE KNOW-HOW Verlag erschienen ist.

Aussprache

Folgende Buchstaben(-kombinationen) werden evtl. anders als im Deutschen erwartet ausgesprochen:

e	offenes „e" wie in „Bett"
o	offenes „o" wie in „Motte"
ô	etwa wie „uo"
y	immer wie „i" (niemals „ü"!)
ie	getrennt gesprochen wie in „Linie", i und e müssen beide hörbar sein
ia	getrennt gesprochen wie etwa in „Filiale"
iu	getrennt gesprochen, wie etwa in „Imperium", aber mit längerem „u"
c	stimmloses „tz" wie in „Schatz", auch vor k wie „tz"
ch	raues „ch" wie in „Bach"
è	wie stimmloses „tsch" in „Matsch"
ï	wie „dj" in „Nadja"
dz	stimmloses „ds" wie in „Rundsaal"
dž	stimmhaftes „dsch" wie in „Dschungel"
h	h ist kein Dehnungszeichen wie im Deutschen, es ist immer deutlich hörbar
j	„j" wie in „Jäger"
ľ	wie „lj" in „alljährlich"
ň	wie „nj" in „Anja"
r	Zungenspitzen-R wie im Italienischen
s	stimmloses „s" wie in „Bus"
š	stimmloses „sch" wie in „Schule"
ť	wie „tj" in „Katja"
v	normalerweise wie „w" in „Wein"; vor stimmlosem Mitlaut wie „f"; nach Selbstlaut wie „u"; vor š wird v meist gar nicht gesprochen
z	stimmhaftes „s" wie in „sausen"
ž	stimmhaftes „sch" wie das zweite „g" in „Garage"

Die wichtigsten Floskeln & Redewendungen

áno – nie	ja – nein	Dobrý nápad!	Gute Idee!
ïakujem – prosím	danke – bitte	Èo je?/Èo sa deje?	Was ist los?
Nemáš za èo.	Keine Ursache.	Niè!	Nichts!
Dobrý deò!	Guten Tag!	Neviem.	Ich weiß nicht.
Vitajte!	Herzlich willkommen!	Uvidíme.	Mal sehen.
Ako sa máš/máte?	Wie geht es dir/Ihnen?	Nechce sa mi.	Ich habe keine Lust.
Ïakujem, dobre.	Danke, gut.	To nevadí!	Das macht nichts!
Do videnia!	Auf Wiedersehen!	Poèkaj!/Poèkajte!	Warte/n Sie mal!
Ahoj!/Èau!/Nazdar!	Hallo!, Tschüss!	Dobrú chuť!	Guten Appetit!
Maj sa!	Mach's gut!	Na zdravie!	Zum Wohl! Prost!
Súhlasím!	Einverstanden!	Zaplatíme, prosím!	Zahlen, bitte!
		Pardón!	Entschuldigung!

Zahlen

0	nula
1	jeden
2	dva
3	tri
4	štyri
5	päť
6	šesť
7	sedem
8	osem
9	deväť
10	desať
11	jedenásť
12	dvanásť
13	trinásť
14	štrnásť
15	pätnásť
16	šestnásť
17	sedemnásť
18	osemnásť
19	devätnásť
20	dvadsať
21	dvadsaťjeden
22	dvadsaťdva
23	dvadsaťtri
30	tridsať
40	štyridsať
50	päťdesiat
60	šesťdesiat
70	sedemdesiat
80	osemdesiat
90	deväťdesiat
100	sto
101	stojeden
200	dvesto
300	tristo
400	štyristo
500	päťsto
600	šesťsto
700	sedemsto
800	osemsto
900	deväťsto
1000	tisíc
2000	dvetisíc
5000	päťtisíc
10.000	desaťtisíc

Die wichtigsten Fragewörter

kto?	wer?
kedy?	wann?
preèo?	warum?
kam?	wohin?
koľko?	wie viel?
kde?	wo?
ako?	wie?
ktorý?	welcher?
o koľkej?	um wie viel Uhr?
kade?	wie?, in welche Richtung?
èo?	was? (warum?)

Die wichtigsten Richtungsangaben

vpravo	rechts
vľavo	links
doprava	nach rechts
doľava	nach links
tu; sem	hier; hierhin
tam; tamto	dort; dorthin
rovno	geradeaus
naspäť	zurück
vedľa	neben
oproti	gegenüber
najprv	zuerst
potom	dann
ïaleko	weit
ïalej	weiter
blízko	in der Nähe
ulica	Straße
semafor	Ampel
križovatka	Kreuzung

Die wichtigsten Zeitangaben

vèera	gestern
potom	dann, später
dnes, dneska	heute
skoro	früh, bald
zajtra	morgen
už	schon
vždy	immer
ešte	noch (immer)

AusspracheTrainers auf PC oder Smartphone lernen (siehe Umschlag hinten) +++

ráno	Morgen(s)	nikdy	nie
ešte stále	immer noch	noc, v noci	Nacht(s)
poobede	Nachmittag(s)	niekedy	irgendwann
ešte nie	noch nicht	práve	eben (gerade)
veèer	Abend(s)	inokedy	irgendwann

Die wichtigsten Fragen

Môžem ...?	Kann ich ...?
Môžem Vás poprosiť ...?	Können Sie bitte ...?
Mohli by ste mi povedať?	Können Sie mir sagen ...?
Kde je ...?	Wo ist/gibt es ...?
Je tu niekde ...?	Gibt es hier irgendwo ...?
Máte ...?	Haben Sie ...?
Kde máte ...?	Wo haben Sie ...?
Koľko to stojí?	Wie viel kostet das?

Wochentage

pondelok	Montag
utorok	Dienstag
streda	Mittwoch
štvrtok	Donnerstag
piatok	Freitag
sobota	Samstag
nedeľa	Sonntag

Register

Der Autor

Sven Eisermann – wohnhaft in der Nähe von Wien – fühlt sich seit vielen Jahren mit Wiens kleiner Schwester Bratislava verbunden. Seit langer Zeit verfolgt er den Wandel der Stadt vom sozialistisch-osteuropäischen Mauerblümchen zur pulsierenden mitteleuropäischen Donaumetropole. Besonders faszinieren ihn die Kontraste zwischen Moderne und Mittelalter sowie die versteckten Ecken, von denen man immer wieder neue entdeckt. Auch die spannende Geschichte Pressburgs, wo jahrhundertelang slawische, deutsche und ungarische Einflüsse aufeinandergeprallt sind, hat es dem gebürtigen Bayern angetan. Heute steht Bratislava als Grenzstadt seiner Meinung nach für ein friedliches Nebeneinander unterschiedlicher Völker im Herzen Mitteleuropas und ihren fruchtbaren Austausch miteinander. Von Sven Eisermann sind im REISE KNOW-HOW Verlag auch Reiseführer über München, Innsbruck, Linz und Wien erschienen.

Schreiben Sie uns

Dieses Buch ist gespickt mit Adressen, Preisen, Tipps und Daten. Unsere Autoren recherchieren unentwegt und erstellen alle zwei Jahre eine komplette Aktualisierung, aber auf die Mithilfe von Reisenden können sie nicht verzichten. Darum: Teilen Sie uns bitte mit, was sich geändert hat oder was Sie neu entdeckt haben. Gut verwertbare Informationen belohnt der Verlag mit einem Sprachführer Ihrer Wahl aus der Reihe „Kauderwelsch".

Kommentare übermitteln Sie am einfachsten, indem Sie die Web-App zum Buch aufrufen (siehe Umschlag hinten) und die Kommentarfunktion bei den einzelnen auf der Karte angezeigten Örtlichkeiten oder den Link zu generellen Kommentaren nutzen. Wenn sich Ihre Informationen auf eine konkrete Stelle im Buch beziehen, würde die Seitenangabe uns die Arbeit sehr erleichtern. Unsere Kontaktdaten entnehmen Sie bitte dem Impressum.

Impressum

Sven Eisermann

CityTrip Bratislava

© REISE KNOW-HOW Verlag
Peter Rump GmbH

1. Auflage 2017

Alle Rechte vorbehalten.

ISBN 978-3-8317-2908-1
PRINTED IN GERMANY

Druck und Bindung:
Media-Print, Paderborn

Herausgeber: Klaus Werner
Layout: amundo media GmbH (Umschlag, Inhalt),
Peter Rump (Umschlag)
Lektorat: amundo media GmbH
Karten: Ingenieurbüro B. Spachmüller,
amundo media GmbH
Anzeigenvertrieb: KV Kommunalverlag GmbH &
Co. KG, Alte Landstraße 23, 85521 Ottobrunn,
Tel. 089 928096-0, info@kommunal-verlag.de
Kontakt: Osnabrücker Str. 79, 33649 Bielefeld,
info@reise-know-how.de

Alle Angaben in diesem Buch sind gewissenhaft geprüft. Preise, Öffnungszeiten usw. können sich jedoch schnell ändern. Für eventuelle Fehler übernehmen Verlag wie Autor keine Haftung.

Bildnachweis
Umschlagvorderseite und Umschlagklappe rechts: Sven Eisermann (der Autor)
Soweit ihre Namen nicht vollständig am Bild vermerkt sind, stehen die Kürzel an den Abbildungen für die folgenden Fotografen. Sven Eisermann: se | Markus Bingel: mb

Liste der Karteneinträge

077-bi-se

Spritzige Dynamik: der Brunnen „Die Jugend" des Bildhauers Tibor Bártfay in der Gartenanlage des Palais Grassalkovich ❸❶

Hier nicht aufgeführte Nummern liegen außerhalb der abgebildeten Karten. Ihre Lage kann aber wie von allen Ortsmarken im Buch mithilfe der Web-App angezeigt werden (s. S. 143).

Bratislava mit PC, Smartphone & Co.

QR-Code auf dem Umschlag scannen oder **www.reise-know-how.de/citytrip/ bratislava17** eingeben und die **kostenlose Web-App** aufrufen (Internetverbindung zur Nutzung nötig)!

★Anzeige der Lage und Satellitenansicht aller beschriebenen Sehenswürdigkeiten und weiterer Orte
★**Routenführung** vom aktuellen Standort zum gewünschten Ziel
★**Exakter Verlauf** des empfohlenen Stadtspaziergangs
★**Audiotrainer** der wichtigsten Wörter und Redewendungen
★**Updates** nach Redaktionsschluss

GPS-Daten zum Download
Auf der Produktseite dieses Titels unter www.reise-know-how.de stehen die GPS-Daten aller Ortsmarken als KML-Dateien zum Download zur Verfügung.

Stadtplan für mobile Geräte
Um den Stadtplan auf Smartphones und Tablets nutzen zu können, empfehlen wir die App „Avenza Maps" der Firma Avenza™. Der Stadtplan wird aus der App heraus geladen und kann dann mit vielen Zusatzfunktionen genutzt werden.

Die Web-App und der Zugriff auf diese über QR-Codes sind eine freiwillige, kostenlose Zusatzleistung des Verlages. Der Verlag behält sich vor, die Bereitstellung des Angebotes und die Möglichkeit der Nutzung zeitlich und inhaltlich zu beschränken. Der Verlag übernimmt keine Garantie für das Funktionieren der Seiten und keine Haftung für Schäden, die aus dem Gebrauch der Seiten resultieren. Es besteht ferner kein Anspruch auf eine unbefristete Bereitstellung der Seiten.

Zeichenerklärung

❶	Hauptsehenswürdigkeit
❶	Bar, Klub, Treffpunkt
🗐	Bibliothek
☺	Café
⚱	Denkmal
☻	Fischlokal
†	Friedhof
⬗	Galerie
⬛	Geschäft, Kaufhaus, Markt
⌂	Hotel, Unterkunft
❶	Informationsstelle
⬛	Jugendherberge, Hostel
⇦	Kirche
✚ ✚	Krankenhaus, Arzt
⛪	Museum
☻	Musikszene, Disco
🅿 🅿	Parkplatz
➤ ⚙	Polizei
✉	Post
☻	Pub, Kneipe
⬗	Restaurant
•	Sonstiges
○	Straßenbahn-Halt
✡	Synagoge
☻ ☻	Theater
⬛	Turm
☻	Vegetarisches Restaurant
☻	Weinlokal
▭	Shoppingareal
▭	Gastro- und Nightlife-Areal
▬	Stadtspaziergang (s. S. 11)
★★★	nicht verpassen
★★	besonders sehenswert
★	wichtig für speziell interessierte Besucher

Diesem CityTrip-Band wurde hier ein herausnehmbarer Faltplan beigefügt. Sollte er beim Erwerb des Buches nicht mehr vorhanden sein, fragen Sie bitte bei Ihrem Buchhändler nach.